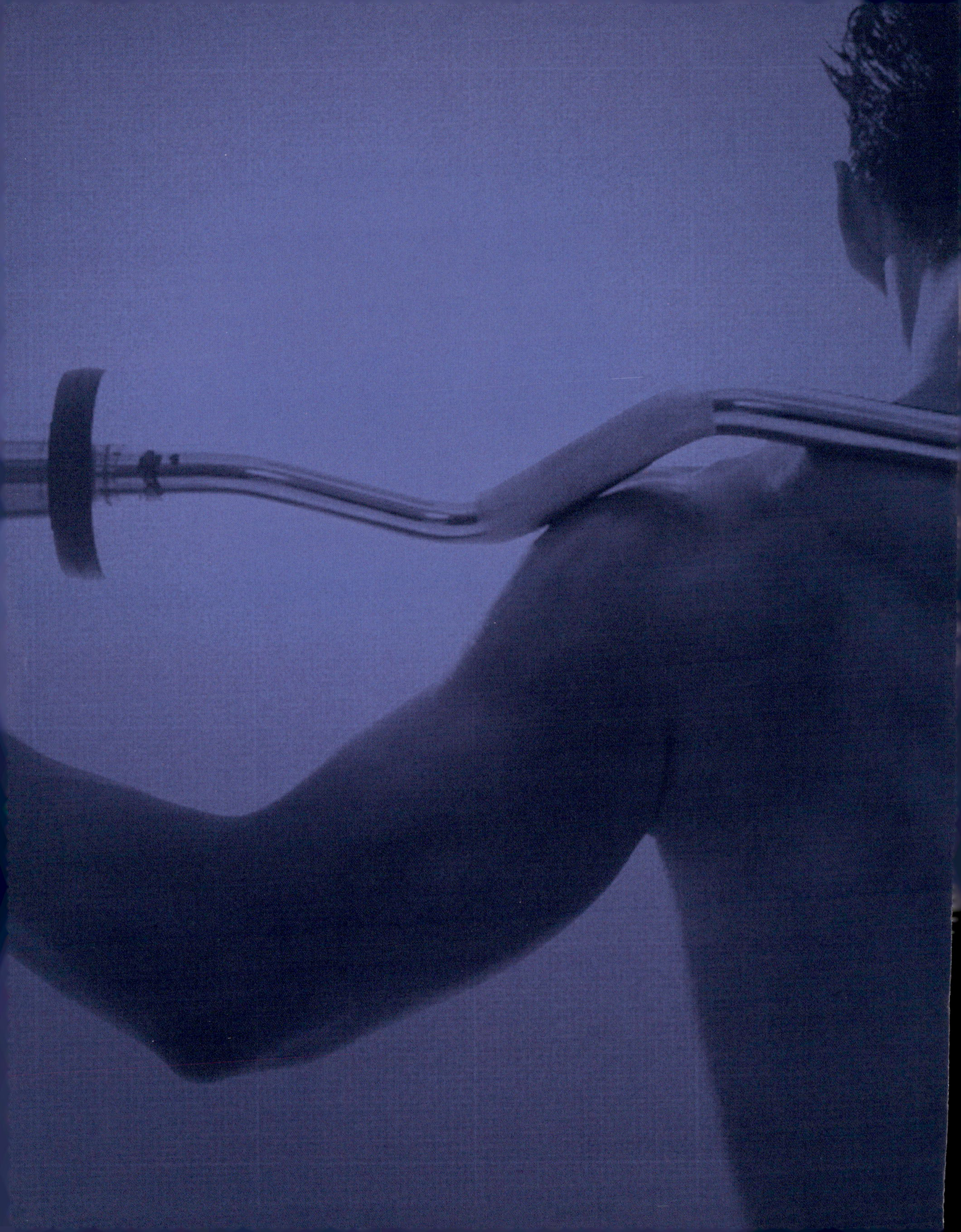

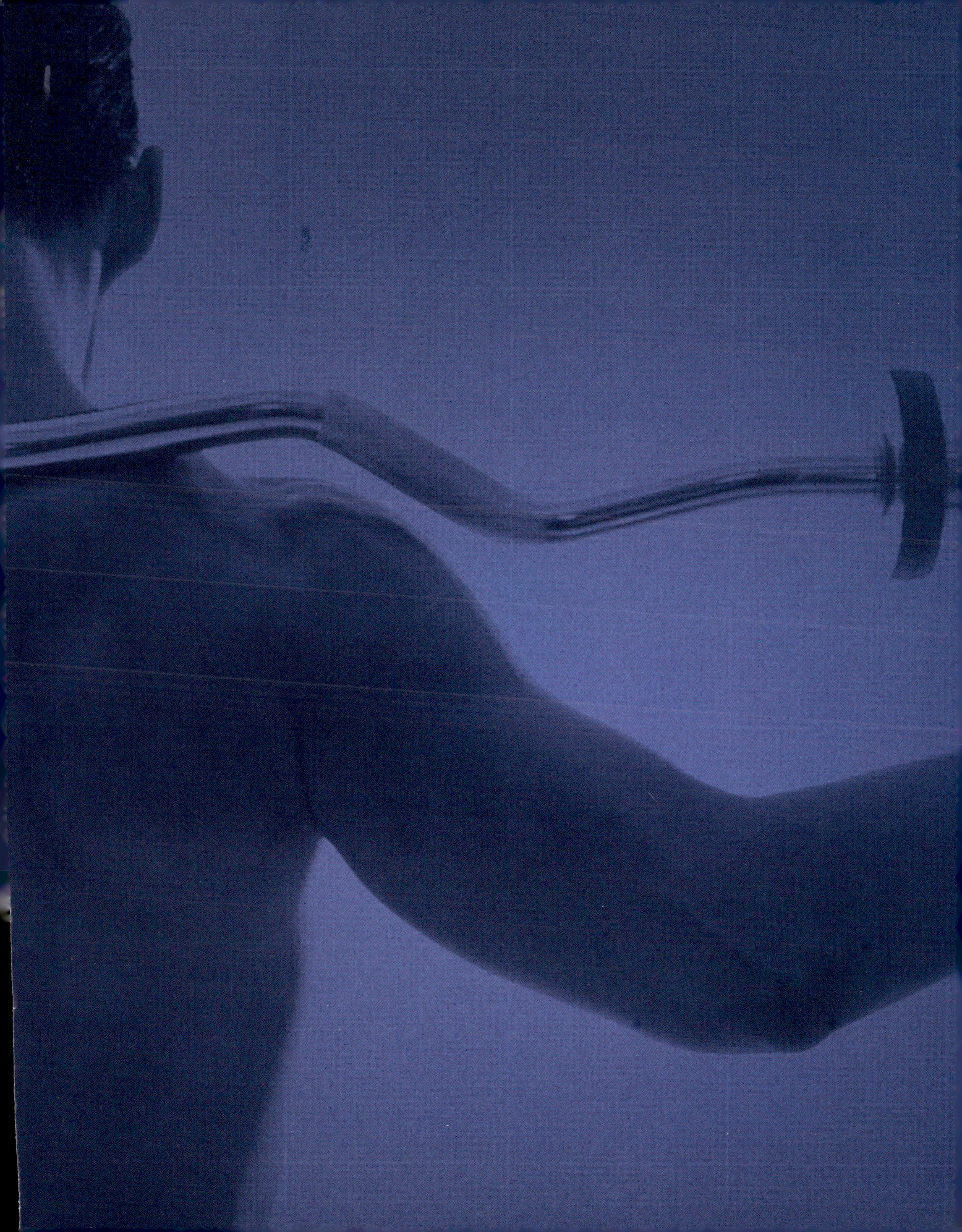

绝对男人之书

内 容 提 要

健身是一个男人认识自我的途径，一生修炼的过程。

韩国男性生活频道 XTM 栏目打造，顶尖教练及医学、运动、饮食大师助阵；

以实用性和快乐运动法为主，将众多领域的知识浓缩到本书中。

塑造结实而健康的身体，养成与众不同的男性魅力。

最强大师级军团公开的绝对男人养成的秘密，就在这里！

图书在版编目（CIP）数据

绝对男人的九大健身训练计划 / 韩国男性生活频道XTM栏目编著 ; 王楷槿译. -- 北京 : 中国水利水电出版社, 2015.4 (2016.3重印)

ISBN 978-7-5170-3013-3

Ⅰ. ①绝… Ⅱ. ①韩… ②王… Ⅲ. ①男性—健身运动—基本知识 Ⅳ. ①G883

中国版本图书馆CIP数据核字(2015)第043701号

策划编辑：杨庆川　曹亚芳　责任编辑：邓建梅　加工编辑：曹亚芳　封面设计：梁燕

书　　名	**绝对男人的九大健身训练计划**
作　　者	【韩】男性生活频道XTM栏目　编著　韩东吉　金陞鉉　安智贤　监修 王楷槿 译
出版发行	中国水利水电出版社 （北京市海淀区玉渊潭南路 1 号 D 座 100038） 网　址：www.waterpub.com.cn E-mail：mchannel@263.net（万水） sales@waterpub.com.cn 电　话：（010）68367658（发行部）、82562819（万水）
经　　售	北京科水图书销售中心（零售） 电　话：（010）88383994、63202643、68545874 全国各地新华书店和相关出版物销售网点
排　　版	北京万水电子信息有限公司
印　　刷	北京市雅迪彩色印刷有限公司
规　　格	190mm×230mm　16开本　14印张　143千字
版　　次	2015年4月第1版　2016年3月第3次印刷
印　　数	10001–15000册
定　　价	59.00元

【韩】男性生活频道 XTM 栏目
编著
韩东吉 金陞鉉 安智贤
监修
王楷槿
译

绝对男人的

九大健身训练计划

中国水利水电出版社
www.waterpub.com.cn

BODY
COMPLETE
6kg

▬ 此书所介绍的运动法包含比较全面的健康信息，能够满足男人的好奇心，在繁忙的现实工作生活中也具有可行性。即使是对于健康管理感到很茫然的人也可以毫无负担地阅读并跟着做。

> 绝对男人MC • 主播 **吴尚进**

▬ 在PRO FIGHTER挑战中我深切地感受到，在职场生活中最辛苦的事情是与自己战斗。为了健康而与繁忙的生活或不好的日常习惯作斗争的男性朋友们，我将这本书推荐给你们。

> 喜剧演员 **尹炯斌**

▬ 每一个去健身房的人都有各自不同的原因，每一个流汗运动的男人都是帅气、威风的。相信《绝对男人的九大健身训练计划》这本书将会给开始投身于运动中的男人们很好的帮助。

> PRO FIGHTERMMA GYM 代表 **徐斗源**

▬ 专注于某件事情就是巨大的活力和快乐。如果觉得该重视曾忽视的身体了，这本书将是一个不错的选择。

> TopGear Korea MC • 歌手 • 赛车手 **金振彪**

序言

你也能成为 **绝对男人**！

近几年来，男性们对于健身越来越关心。《绝对男人》是韩国唯一一个能够满足这种关心的男性健身的节目。特别是2013播放的《绝对男人》不单单是让身体看起来结实，而是介绍了让身体真正变得健康的方法。为了获取正确的健康信息、找到人们容易跟着做的运动方法，我们翻阅了很多资料，并且找到了专家。70多名工作人员和专家夜以继日地进行讨论，最终决定以“塑造男人结实健康身体”为主题来进行。

我们的节目不是单纯塑造身材，而是将焦点放在以健康为目标的运动上。并且我们的目的是在详细介绍“为什么要运动”“这种运动会有什么样的结果”之后，再介绍能够让人们容易跟着做的运动方法。

由韩国顶尖教练与医学、饮食、运动等领域的专家组成的绝对男人“最强大师军团”，是只有1%VVIP才了解的私人教练秘诀。

《绝对男人》节目现场

《绝对男人》这个节目通过介绍健康常识及获得100%效果的1%运动方法，希望可以成为打造男性内外均衡身材的向导。

《绝对男人》这个节目进行到第三季时，想以此期间研究得出的方法为基础出一本书。本书包含节目中最为核心的内容，介绍了肥胖、衰老、精力、两周打造身材、七天自助PT等九项热门的主题下，结合医学常识的别具一格的运动方法。期待这本书可以使更多的男性朋友变身为真正的“绝对男人”。

感谢所有工作人员——引领节目的吴尚进主播以及Defconn、李秀景、朴在民、金奇旭，一路辛苦走来，为了制作出有趣而又有益的节目而努力。同时感谢所有为本节目添彩增色的人员，感谢本书的编审体能教练韩东吉，负责摄制工作的身体教练金陞鉉，以及提供健康知识的医学专家安智贤。感谢为本书翻译的大连大学体育学院王楷槿老师。

《绝对男人》节目现场

≫健康与减肥是一条漫长的路程。此书愿成为一个导向，给你在这条道路上指出一条捷径，让你的身体更加愉悦，快速变帅！

| 《绝对男人》作家 **李字恩 李载恩 金进型 宋抗亚 裴仁英**

≫打造健康身体的故事！男人们的健身故事！为了即将重生为绝对男人的你，现在马上开始吧！

| 《绝对男人》制作人 **申东熏**

≫荟聚众多工作人员和专家，只为研究男人结实的身体，节目所有精华都聚集此书之中。

| 《绝对男人》市场企划 **陈慧**

体能教练——韩东吉

今年已经是我从事教练工作的第20年了。在这20年来我做得最有意义的事情之一就是接触电视节目《绝对男人》系列，并以体能教练的身份参与其中。我在参与《绝对男人》的过程中，根据对不同人身体机能的分析和研究，制作了一份最完美的运动计划，并将此过程中的收获全部收录于此书中。在这20年中我学习了体育学、生理学、人体康复工学、物理学、解剖学等课程，阅读了大量的相关书籍，并指导了2000多名会员，我所积累的知识和经验，通过《绝对男人》一书进行了研究和整理。

只有了解自己的身体，才能在锻炼出完美身材的同时保持健康。在对自己的身体进行充分的了解和思考后，寻找适合自己的运动方法，才能将运动的效果最完美地呈现出来。运动是一个男人认识自我、一生修炼的过程，因此不间断地运动才是最为关键的。现在就行动吧，按照此书运动起来！身体会真实地以最完美的线条和体能回馈于你。

我将自己20多年来研究的运动方法以及健康小贴士全部收录于此书中，我坚信这本书会引导你成为真正的“绝对男人”。

身体大师——金陞鉉

可能是由于男性的外形条件在诸多场合变得尤为重要，近来健身中心的多半会员都是男性。如果说过去热衷于塑造身材的是女性，那么现在更热衷于此项活动的就是男性了。来到健身中心的男会员想拥有肌肉结实的好身材，但男性的身材也有其时代的趋势。过去拥有健美运动员的大块肌肉才会散发男人味，而现在更受青睐的是线条平滑的小肌肉敏捷身材。作为一个健身教练，我一直都很向往XTM的《绝对男人》，在这里可以遇到更多大众，使我颇有收获。这本书不是介绍无计划的运动法，而是将健康、身体、医疗等各个领域的知识汇聚，因此是非常有价值的。它不是老套的运动法，而是以实用性和快乐运动法为主，必定会将你变成一个“绝对男人”。

医疗大师——**安智贤**

15年来，我治疗的肥胖患者中男性顾客明显增多。他们不单单追求减重，而且对腹部、腰部、大腿等具体部位有了更具体的塑身要求。“无论是谁都会拥有好身材”这句话已经行不通了。与那些只提供运动原理或者一些食疗方法的解决方案不同，提供量身定制的运动方法、休闲体育运动、酒、脱发、精力、男性的香气等改变男性生活方式的亲切的说明书，便是这本《绝对男人》。外形也是实力，批评外貌至上的声音必然存在，但是成为一个拥有年轻、健康、好身材的人是一件非常幸福的事情。现实中有很多男性成为健身中心的会员，开始健身，却无法持续下去。改变身材和生活方式需要持续的努力，就让这本书成为DIY健身的指导书吧！各个领域的大师们将各自的诀窍一一放入此书中，将会帮助男性进一步提升魅力。如果爱自己就请马上改善身材并改变生活方式吧，这本书将是你绝对需要的男性白皮书。

目录

Mission 7 绝对男人的秘密之开发属于自己的香气!

Mission 8 绝对男人的秘密之打造超棒身材!

Mission 9 绝对男人的秘密之独自锻炼也完美的7Days自助PT!

运动效果

本书中所介绍的**运动方法的效果**

本书中所介绍的运动方法会对身体所有部位产生影响，为此特别整理了一下特定运动法对身体特定部位起到的作用。

按照自己的需求选择适合自己的运动吧！

本书中用到的**运动器械**

这些将会使本书中介绍到的运动方法效果加倍。

瑜伽垫

可以防止运动时受伤。

健腹球

使用该健腹球可以不受时间地点的制约，并可以轻松愉快地锻炼身体。

台阶器

与台阶一样高的运动器材，GX健身与健身操中经常使用。

健身绷带

可以纠正姿势、强化肌肉力量、提升运动效果的运动器材。

实心球

运动用的可以抛出并接到的有重量的球，它的重量为1kg到5kg不等。使用健身球运动可以同时锻炼腹肌、肩膀以及手臂、腿部肌肉。

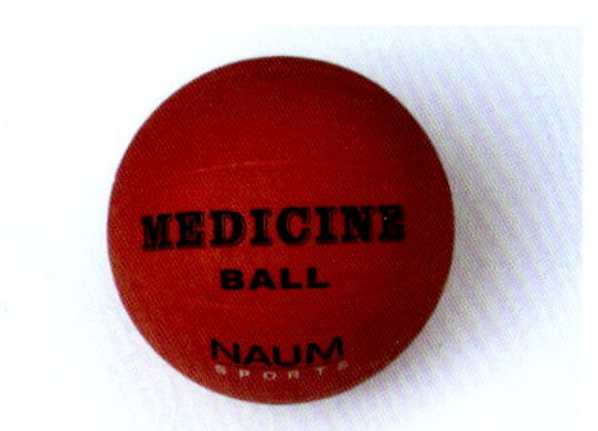

壶铃

有“手心中的体育馆”之称的壶铃有4kg到40kg不等的规格。它是可以锻炼耐力、肌肉力量和进行有氧运动的运动器械。

哑铃

锻炼手臂的时候可以提升运动效果的运动器材。

平衡杠

像跨栏一样的平衡杠代替了以往相对复杂的锻炼肌肉力量的运动器材，它是通过简单的器械在较小的空间中运动的一种运动器材。

瑜伽棒

可以使肌肉放松，做伸展运动或者保持身体平衡时使用的运动器具。

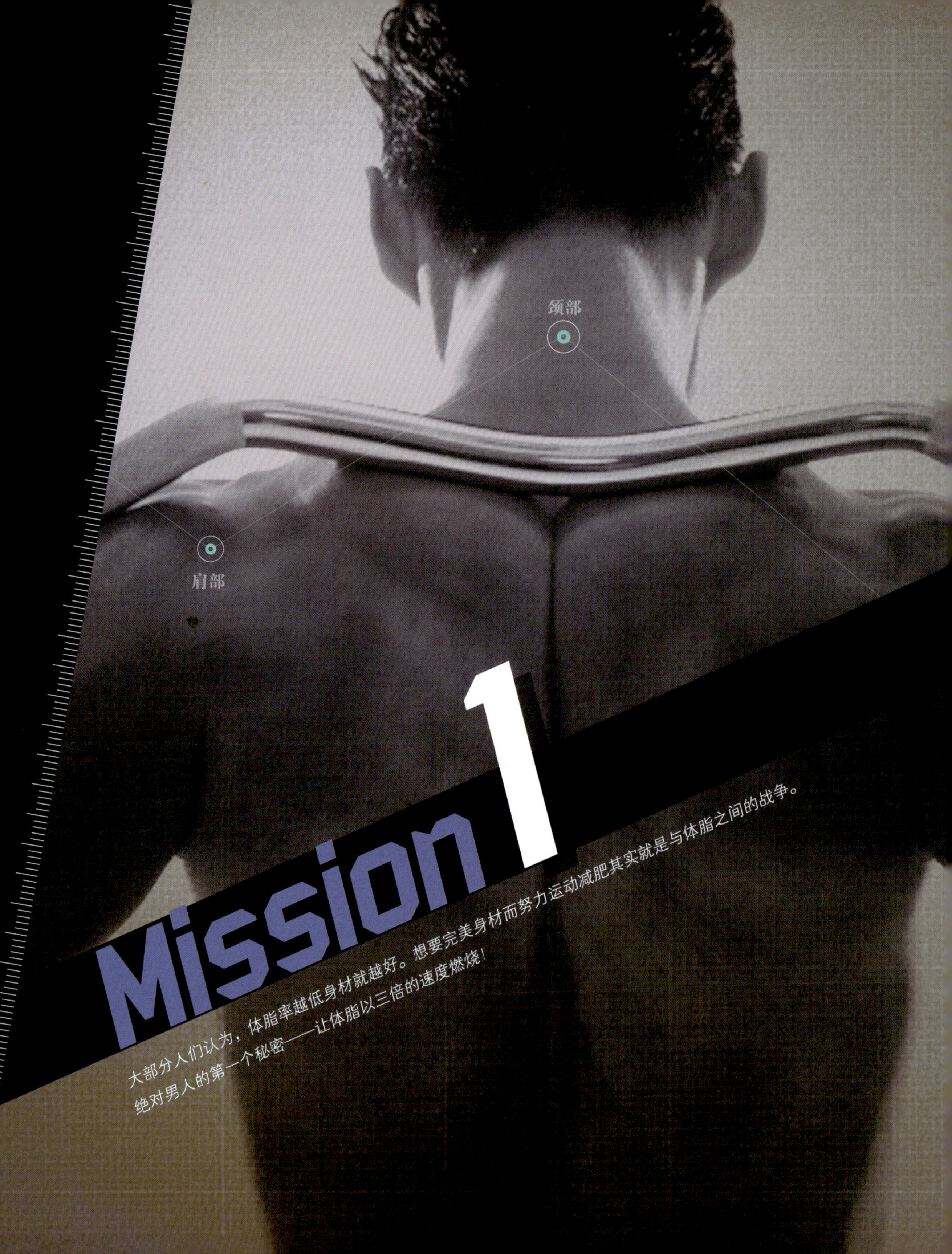

Mission 1

大部分人们认为，体脂率越低身材就越好。想要完美身材而努力运动减肥其实就是与体脂之间的战争。绝对男人的第一个秘密——让体脂以三倍的速度燃烧！

绝对男人的秘密之

从腹部燃烧身体脂肪！

手腕

肘部

关注健康或者想通过运动塑造紧实身材的人肯定都有一个困扰——体脂肪问题。体脂肪就是指身体内部的脂肪，我们因体内积攒的脂肪而感觉到很大的压力。

那么体脂肪为什么会积攒下来呢？用一句话来解释就是：吃得太多但没有做与之等值的运动。

是不是体内积攒的体脂都应该让它消失呢？

事实上，体脂是在通过饮食摄取的营养中由没用完的营养在体内累积而形成的能量仓库。因此剩余营养保存的同时，在有需要的时候就能使用它。实际上，为身体的健康考虑，我们体内应该有一定量的体脂。偶尔在减肥相关的广告中能看到“挑战体脂率吧！”这样的广告词，这是非常危险的说法。一般男人的体脂率要达到15%-20%磅才能算正常，也就是说比20%多或者比15%少都会成为问题。举例来说，如体脂含量超过正常值很多就称为肥胖。肥胖的话内脏脂肪也会变多，这是导致患高血压、糖尿病、高血脂等成人病的最大原因。相反，体脂过少会使激素不能顺利合成，进而导致脱发、皮肤问题以及慢性疲劳等症状。

皮下脂肪和内脏脂肪的差异

用手抓腹部肉的时候，在表皮下被抓起来很薄的是皮下脂肪；很坚实、不太容易抓起来或者很厚重的话就是内脏脂肪；再者如果肉很松软的话多半是皮下脂肪。皮下脂肪比起内脏脂肪更容易减掉，所以有“减肥的时候越软的肉越好减”的说法。

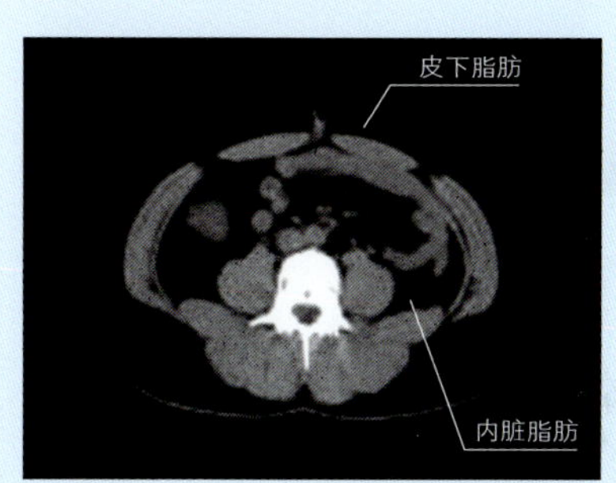

》皮下脂肪和内脏脂肪

体质也是平衡体脂含量的重要因素。吃一样多的东西，有人长的肉多，有人长的肉少，这都是由于体质的原因。中医把人的体质分为5种——金、木、水、火、土，称作五行，其中最容易长肉的是木体质。就算类型一样的体质也分为阴、阳体质，有所不同。

抛开体质问题，跟别人吃的一样多但只有自己长肉的情况也是有的，基础代谢量低的人会如此。所谓的基础代谢量就是什么都不做光呼吸也会消耗的热量。基础代谢量高的话不运动也能消耗很多热量，所以不怎么长肉。再者我们的身体基础代谢量中肌肉参与的部分占60%，因此要做到不易长肉的话，减少体脂、增加肌肉可以作为第一个阶段。

基础代谢量计算法

根据“中国人正常基础代谢率平均值（$kJ/m^2 \cdot 24h$）”

公式：基础代谢=体表面积（平方米）×基础代谢率（$kJ/m^2 \cdot 24h$）

中国人体表面积计算公式：

体表面积（平方米）=（0.00659×身高/厘米）+（0.0126×体重/千克）–0.1603

中国人正常基础代谢率平均值

年龄	男	女
11–15	46.7	41.2
16–17	46.2	43.4
18–19	39.7	36.8
20–30	37.9	35.1
31–40	37.7	35.0
41–50	36.8	34.0
51以上	35.6	33.1

注意：结果再乘以24小时才是整天的基础代谢量

怎样做才能维持适量的体脂?

怎样能减去超出正常数值范围的体脂?绝食、一天一餐、吃分解体脂的药或者只吃鸡胸肉跟蛋白就可以了吗?这些方法并不是没有效果,但是有一个打破我们目前知道的饮食疗法规则的秘密。听说用那个秘密方法能以三倍的速度燃烧体脂。

打破我们常识的秘密就是——用脂肪去燃烧体脂。就算吃炸猪排、炸鸡、薯条这类易长胖的、以前无条件避开的高热量食物现在也能消耗体脂。

少量碳水化合物 多脂肪

从未有过的效果产生了,肌肉量增加了0.5kg左右。究竟发生了什么事情呢?

	一	二	三	四	五	六	日
早餐	黑豆豆奶1杯 香蕉1个	香肠 120g 煮鸡蛋2个	金枪鱼沙拉250 g 色拉调味汁1勺 苹果 1/2个	蘑菇炒西兰花 煎鸡蛋1只 小番茄10个	鸡胸脯肉沙拉 200g 美式咖啡1杯 西柚 3片	软豆腐1 块 色拉调味汁1勺 煮鸡蛋2个 小番茄10个	金枪鱼沙拉 250 g 沙拉调味汁 1勺 苹果 1/2个
中餐	生鱼片 (减少碳水化合物的摄入)	炒鸡蛋 100g 熏肉 100g 西柚3片	烤鸡 5片	菜包肉150g (减少碳水化合物的摄入)	安心牛排250g 沙拉半盘 蘑菇鲜奶油沙拉 35g	菜包肉150g	熏鸭肉200g 芥子酱1 勺 萝卜卷或蔬菜卷
下午茶	美式咖啡 1杯 (鲜奶油35g)						黑豆豆奶 1杯
晚餐	汉堡 (不包含面包、果酱)	五花肉 250g 泡菜 100g 生菜 30片 酱料 1 小碗	泡菜豆腐	水煮鱿鱼 60g 西兰花 140g 醋辣酱 1小碗 20g	盐烤鳗鱼250g 蔬菜20片	水煮鱿鱼 60g 西兰花 140g 醋辣酱 1小碗 20g	烤青花鱼 1块72g 豆腐1 /2块 200g生菜

› 高脂肪低碳水化合物食谱

我们在减肥的时候，一般都会比较自觉地避免高卡路里脂肪的摄入，然而实际上体重增加的罪魁祸首并非脂肪，而是碳水化合物。作为亚洲人，我们的食谱本身就是由很多高碳水化合物构成的，正因如此，为了避免能量的增加以及体脂肪的累积，调整食谱是非常重要的。当然对于“以食为天”的亚洲人来说，想要摆脱米饭的诱惑是非常困难的。但是当人们在进行以低脂肪为主的减肥时，可以吃到认为完全不能吃的食物，人们的满足感将会大大地提升。为了减肥而减少一些饭量、使肚子处于不饿的状态也是同样的道理。这是由于人体脂肪细胞中分泌出来的名为“瘦蛋白Leptin”的荷尔蒙会使人们产生饱腹感。为了减肥而过度地减少食量会使这种瘦蛋白的浓度降低，从而产生强烈的饥饿感，最终将引起暴饮暴食。

在美国，肥胖已经成为了社会问题，美国国内也发表了很多与其相关的论文。斯坦福大学预防医学研究所克里斯多夫·加德纳博士发表的论文中记录了一个针对311名超重女性进行了多种减肥方法的实验。该论文提到，即使是等量的卡路里，“低碳水化合物，高脂肪”的减肥方法也能比“高碳水化合物，低脂肪”多减2.1kg左右。

比起“高碳水化合物，低脂肪”的减肥方法，更加没有效果的是只吃一种食物的单一食物减肥法。由于我们人体需要五大营养素，因此只侧重一种营养素的饮食习惯或者食谱会打破体内的平衡，从而引起体脂肪的堆积。

“低碳水化合物，高脂肪”的减肥方法并不适用于所有人。像高血压、高血脂、糖尿病患者，如果用这样的减肥方法可能会出现巨大的危险。我们要记住，任何一种减肥方法如果过度使用都会给健康带来巨大危害。同时，减肥的时候，比起脂肪应该更加注意减少碳水化合物的摄入。

调节饮食的同时，还有一种非常简单的减肥方法，那就是将脚泡入冰水中。这是为什么呢?

秘密就在于体脂肪的种类。我们体内的脂肪分为褐色脂肪和白色脂肪。褐色脂肪作为消费型脂肪会消耗掉体内的能量，而白色脂肪则是将能量储存下来的储存型脂肪。显而易见，我们减肥的最大敌人就是白色脂肪。但是最近的研究结果表明：褐色脂肪变得活跃就会使白色脂肪燃烧，而当身体变凉时，褐色脂肪就会变得活跃。

这项研究通过了芬兰图尔库大学Kirsh Virtanen博士研究团队的验证。该实验是让五名年轻的男性连续两个小时在冰水里面泡脚，结果显示褐色脂肪将白色脂肪当作燃料一样在燃烧。即使是短时间内处于一个寒冷的地方，只要褐色脂肪变得活跃，就能增加代谢量。

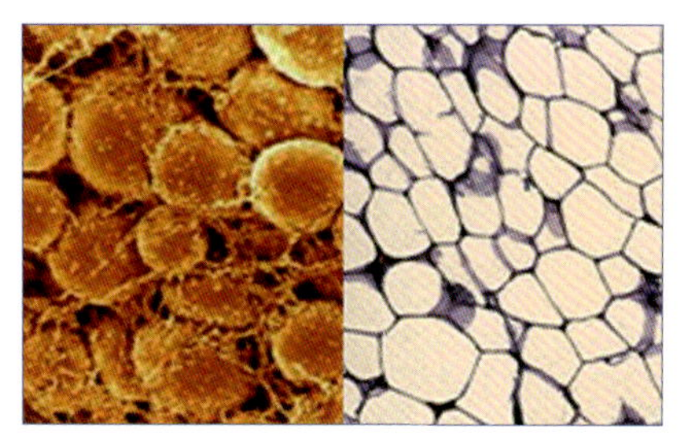

》褐色脂肪和白色脂肪

那么，平时就讨厌热、无论何时都喜欢待在凉爽的环境下的人，真的要比其他人燃烧更多的白色脂肪吗？

如果生活在像阿拉斯加那样寒冷的地区，就不会有肥胖的存在了吗？

答案当然是不一定的。如果人体内褐色脂肪的含量能够达到白色脂肪量的一半，那么这个世界上就不会存在肥胖的人。但是褐色脂肪并不能通过饮食或者其他物质创造出来，而且随着年龄的增长褐色脂肪会不断减少，成人之后这种脂肪在体内的含量就不多了，因此凭借仅有的褐色脂肪是不足以燃烧掉全部体脂肪的。另外，生活在寒冷地区的人们为了维持体温，会故意摄取含有高脂肪的食物以积累自身体内的脂肪层；而手脚冰凉或者必须保持身体温暖的人则需要用其他的方法，比如为了多流汗而关掉空调运动，很明显这也不可能更好地燃烧体脂肪。

下面让我们来学习一下冰水泡脚时可做的几个动作。这些动作简单而有效，可以在狭窄的空间内完成并很好地燃烧腹部脂肪。

用冰把体脂肪甩干净Ⅰ

1. 把双脚放入冰水中（按照先小脚趾、后脚尖的顺序慢慢泡入水中）。
2. 在这样的状态下做单脚抬起放下的动作。
3. 双脚轮流做10次。

用冰把体脂肪甩干净Ⅱ

1. 坐在椅子上，将一只脚泡入冰水中。
2. 将没有泡入水中的脚抬高的同时将整个身体向腿的方向靠近，做5次。
3. 换另一只脚泡入冰水中，做5次。

韩国当红男团2PM向来以“禽兽偶像”著称，个个拥有着雕像般的完美身材。他们的健身教练自行研发了一套破坏身体脂肪的运动法，又称“动物运动法”。这套运动法将动物迅捷的动作应用于健身运动中，比其他运动法拥有更强的瞬间爆发力，能让运动者更趣味十足地燃烧自身脂肪。

动物运动法围绕能够产生巨大力量的大肌肉群进行。即通过锻炼胸部、背部、大腿等部位的大肌肉，实现高强度的热量消耗。健身俱乐部中通常以跑步机或者动感单车等有氧运动为主，但最有效果的体脂肪燃烧方法其实是有氧运动和无氧运动双管齐下。动物运动法不只是进行有氧运动，还结合了能动用大肌肉群的无氧运动，堪称完美的运动方法。只要你分10次完成3组这种动作，即可达到跑步机上1个小时所产生的效果。这相当于消耗掉白天吃的一个汉堡的热量。只需10分钟，轻松搞定！

海豚弓步

难易度 | 一级下

运动效果 通过刺激大腿两侧肌肉及腹肌的运动，使下肢肌肉发达。

1 呈立正姿势站立并将双臂向前伸展。

2 右脚向前伸的同时，双臂逆时针方向转动。

3 膝盖呈90度直角弯曲。

4 双臂顺时针方向转动，回到第1个姿势。
肩膀用力至最大的时候胳膊肘向回弯曲。

5 用相同的方法反方向进行10组。

大猩猩下蹲

难易度 | 一级下

运动效果 上半身下弯的时候会刺激脊背的肌肉，对锻炼结实的腰部肌肉有帮助。而且当身体呈坐下的姿势时，对下肢肌肉也会有刺激作用。这是一种可以锻炼全身肌肉的运动法。

1 将双腿打开，将持有哑铃的手手背向外，手臂向下。

2 臀部向后深蹲至哑铃可以够到小腿的位置。

为防止受伤，应将腰部完全打开至直立状态。

3 起身的同时将持有哑铃的手向身体方向抬高至锁骨位置。

4 将哑铃快速举高至头部以上，该动作请重复10组。

秃鹫摇摆

难易度 | 一级中

运动效果 腿伸开可以刺激大腿内侧肌肉，臂部伸展开可以刺激腹部及肋下肌肉。

1 以俯卧撑的姿势将双臂打开至与肩同宽。

2 将右脚放置到身体内侧的同时尽量将左臂沿直线向后伸展。眼睛看向抬起来的手指端。

注意不要将臀部接触到地面

3 按先手臂、后腿的顺序回到原位。

4 反方向做相同运动，该动作每次进行8组。

海狗俯卧撑

难易度 | 一级上

运动效果 集中刺激肩膀前面部位以及胸部、手臂后部等上半身肌肉的运动。

1 维持俯卧撑的姿势将手向外转90–120度。

2 将身体重心移动到上半身并进行俯卧撑运动。

3 将左脚伸向旁边然后再返回原位置。

4 将右脚也伸向旁边然后再返回原位置，该动作每次进行8组。

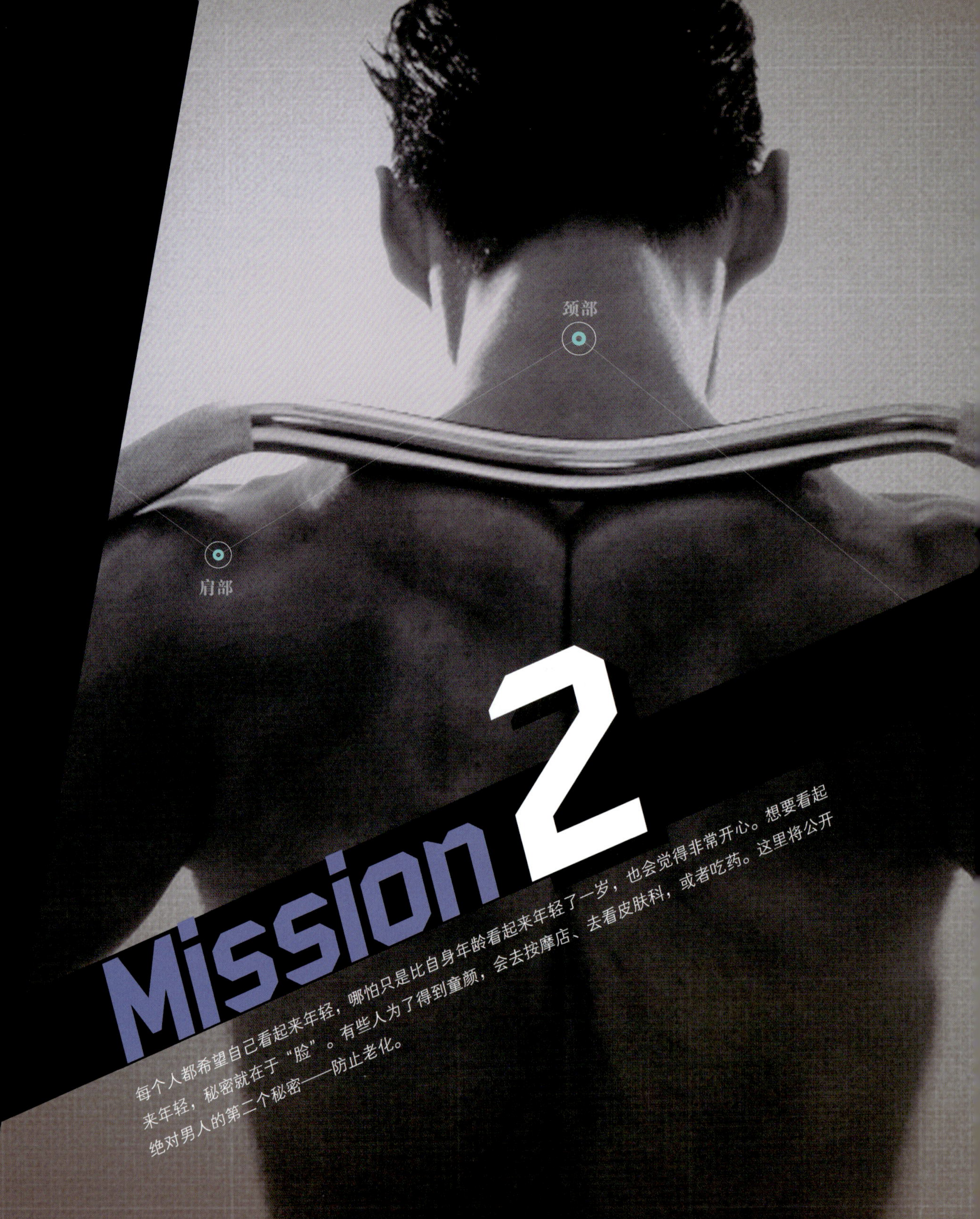

Mission 2

每个人都希望自己看起来年轻，哪怕只是比自身年龄看起来年轻了一岁，也会觉得非常开心。想要看起来年轻，秘密就在于“脸”。有些人为了得到童颜，会去按摩店、去看皮肤科，或者吃药。这里将公开绝对男人的第二个秘密——防止老化。

绝对男人的秘密之防止老化！

手腕

肘部

我想变得年轻！我想要让自己看起来年轻！类似这样的想法，几乎所有人都会有，因为这是人类的本能。人们为了防止身体老化会尽量少吃东西、吃健康食品、勤于运动、使用好的化妆品。但是世界上任何人都没有办法避免身体的老化，只是在不同的环境下表现出来的老化程度有所不同。

在韩国流传着这样一句话：男人如果进入部队训练的话会一下子变老。由于整天都在不停地接受训练，不但身体使用过度，而且还一直暴晒在强烈的紫外线下。紫外线是使皮肤老化的最大敌人，除此之外，使皮肤老化的原因还有睡眠不足。皮肤的再生时间是晚上12点到凌晨4点，如果这段时间没有充分休息，就会使皮肤加速老化。

从早到晚都戴着帽子并把它压得很低，也是皮肤老化的重要原因之一。汗液不能向外部排出，就会跟头发缠在一起，正是因为这种原因才会产生脱发现象。另外，经常使用发胶、发蜡等头发定型产品会刺激到头皮，使用不当会严重损伤头皮。由于这些后天性原因，现在10多岁的年轻人也会出现脱发现象。

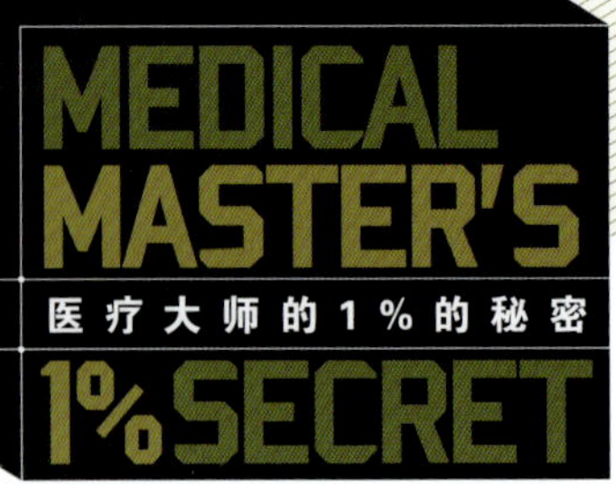

在皮肤老化与下垂之前，一定要一直多加防护。如果不这样做，很有可能在某一瞬间突然就变老了。大部分的男人虽然对自己的皮肤很担心，但也不知道究竟应该怎么做，其实只要坚持一项——擦防晒霜，就能阻止皮肤的老化。因为紫外线除了能使色素沉积，还能使皮肤弹性降低，这是形成皱纹的最大原因。防晒霜使用后并不能马上产生效果，从20岁的时候开始一直擦的话，到四五十岁的时候才会出现皱纹。

日前公开了一位美国公交车司机的脸，从而成为了一时的话题，因为司机的左脸和右脸有相当大的不同，左脸明显要比右脸皱纹多很多。这是由于开公交的时候，左边的脸一直在受到太阳的照射。

做脸部瑜伽可以使下垂的面部以及深深的皱纹得以恢复，如果一直均匀地刺激面部肌肉，肌肉锻炼的同时会使皮肤恢复弹力，每天只要投入10分钟，就能延缓皮肤的老化。

脸部瑜伽

阻止额头“三字”皱纹产生的脸部瑜伽：

反复将视线向上看5秒，然后向下看5秒。

阻止额头“三字”皱纹产生的手指肉毒杆菌：

将食指叠到一起放到眉毛处，用力的同时眼睛向上看。

阻止印象派“川字”皱纹产生的脸部瑜伽：

将食指叠到一起放在眉毛处，用力的同时将手指推至眉梢。

阻止“八字”皱纹产生的脸部瑜伽：

将食指叠到一起放在“八字”皱纹部位处，嘴巴呈“O”的模样维持3秒。

能让你看起来年轻十岁的脱发管理法

究竟什么样的状态才能称之为脱发呢？每天掉超过100根的头发，则说明你已经开始出现脱发的症状了。一旦开始脱发，每个毛囊中长出来的头发数量会减少，同时粗大的毛囊也会慢慢变细。一般来说，每个毛囊中长出两根以上的头发是很正常的。

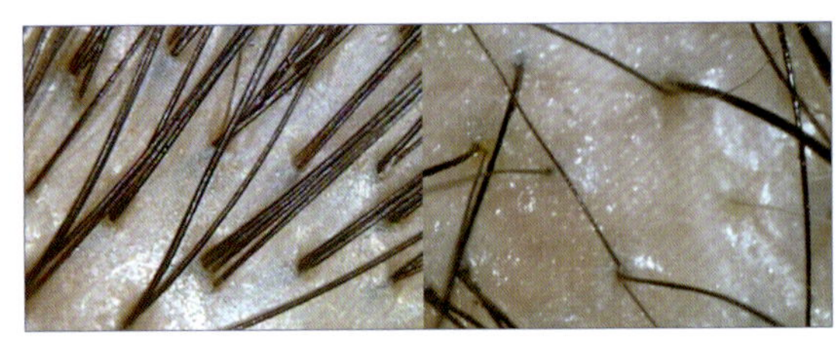

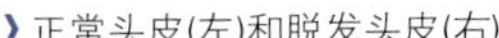

》正常头皮(左)和脱发头皮(右)

想要简单地检查脱发，将手背放在头顶处3秒钟就可以了。如果产生火辣辣的感觉，那就说明脱发的可能性很高。因为中医认为脱发从根本上是由“热”引起的。即：当压力过大、饮食习惯不好、睡不好觉或者运动量不足的时候，身体中产生的过量的热不能向全身均匀地扩散开，热气会向头部集中，那么就会使头皮变得干燥，造成毛根脱落，最后导致脱发。

同样的道理，夏天由于受到紫外线的影响，头皮会很容易受到伤害。但是掉头发更严重的季节是秋天。夏天只是头皮受到损伤，而秋天促使头发脱落的雄性荷尔蒙会大量分泌，导致脱发问题严重。脱发问题一旦开始，就不能恢复到从前，也无法停止。但是有一个方法能使脱发问题最大程度地延缓，这个秘密就是“光脚”。

脚被誉为是人体的第二个心脏，是连接人体器官的部位。热气的平衡是从通畅的血液循环开始的，这个时候脚部起到了非常重要的作用。如果刺激脚的话，就会使血液循环变得更为通畅，使热气均匀扩散至全身各处，对聚集在头部的热气下降产生非同一般的效果。刺激足部的最具代表性的方法就是踩石子足部按摩垫。踩按摩垫可以将身体中的废弃物排出，并会促进全身的血液循环，从而使热气降下来。

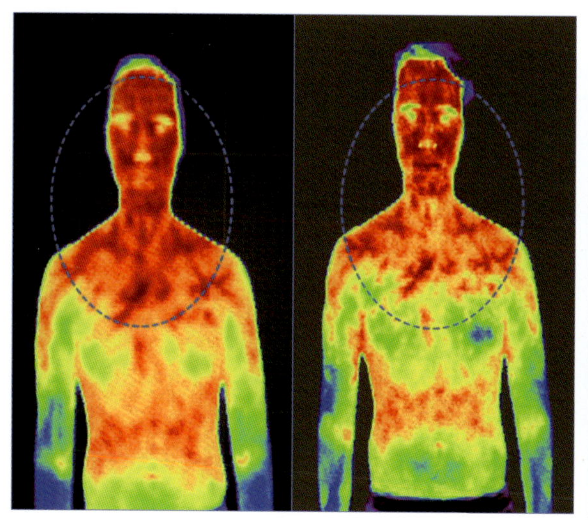

› 踩按摩垫前(左)后(右)的变化图

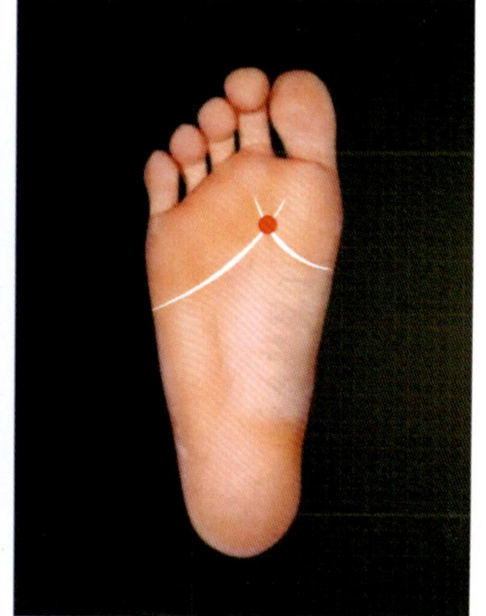

› 涌泉穴位置

另外，由于足部有连接身体五脏六腑的反射区，因而足部按摩就像全身按摩一样，会得到让人难以想象的效果。但是如果患有足跟痛就要注意，不要过度地刺激足部。

如果没有足部按摩垫的话，按摩脚底的涌泉穴对脱发也有帮助。涌泉穴说的是脚掌上凹陷下去的部位，常按这个穴位可以促进血液循环并对调节血压有帮助。用力按涌泉穴3秒，并且每日按3次左右，可以促进全身的血液循环，并能很好地预防脱发。

正如脱发和皱纹会让人看起来显老一样，人的躯体中还存在着决定身体年龄的部位，这个部位就是臀部。

随着年龄的增加，肌肉就会变得松弛，特别是我们全身最大的肌肉——臀部，能够明显地看出肌肉的松弛。臀部连接着人体的上半身和下半身，也是可以维持正确姿势的支柱。随着年龄的增加，臀部的肌肉就会变得无力，笔直地站立或者弯腰就会变得很辛苦。另外以错误的姿势扭曲身体，会加速臀部肌肉量的减少。

年轻而健康的臀部，是指与大腿之间的界限分明的桃子型臀部。想要检查自己的臀部是否健康，可以通过这样一个简单的测试：

腿部抬起的高度高于头部时，身体的年龄在10-20岁左右；腿部抬起的高度与头部高度相同时是30-40岁；腿部抬起的高度低于头部时身体年龄是50岁。将这个动作每天进行3组15次的话，对于锻炼臀部会有帮助，

用臀部测年龄

1. 俯卧在瑜伽垫上将脚尖转向身体两边。
2. 将两手伸展，给予腰部及臀部力量，并将上半身和腿同时抬起。将这种姿势维持15秒。

请大家好好参考一下。

平时坐下的时候习惯性将腿张开或者看电视的时候选择无条件躺下，这可以被认为是臀部开始老化的信号。如果臀部肌肉松弛，就不能支撑上半身的重量，为了维持这种平衡，就会不由自主地张开腿或者干脆躺下来。

那么阻止臀部老化的方法是什么呢?

最重要的是姿势。姿势正确的话，使用有用的肌肉会使臀部肌肉不那么松弛。即：以正确的姿势走路，也可以防止臀部肌肉的松弛。这种运动可以使下陷的臀部变得重新圆润起来，松弛的肌肉也可以紧致，如果一直坚持运动下去，就能维持一个健康的臀部。这就是所谓的肉毒杆菌背影运动法。单脚站立维持身体平衡的时候，是使臀部肌肉最活跃的时候，这种运动法正是利用了这一点创造的。为了使平时不经常使用的臀部肌肉感受到运动，可以用手来揉臀部。

肉毒杆菌背影运动法：扭动深蹲

1. 身体呈直立状态，用右手按住右边的臀部，并将左手抬高至右肩膀处。
2. 抬高左脚，用右脚单脚支撑身体。
3. 使右边膝盖弯曲，并将身体重心转移至右边。
4. 恢复到原动作后反方向做相同动作。

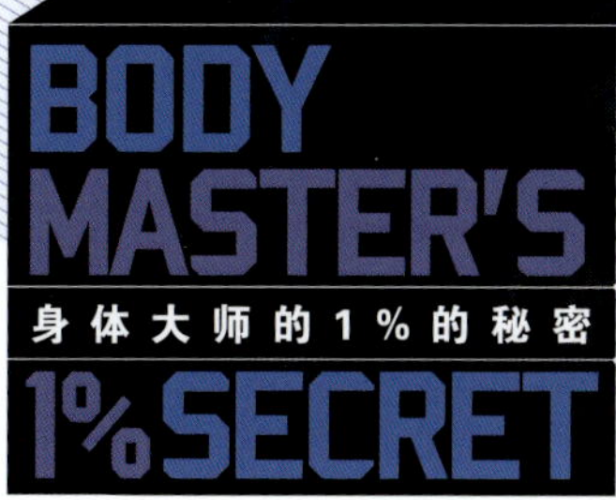

这种运动法，不仅仅是针对臀部，还可以延缓全身的老化，同时可以树立男性的自信心，这就是所谓的“吸血鬼运动法”。如果想要防止身体老化，变得年轻，最应该重视的就是全身的循环，“吸血鬼运动法”是由4种动作组合而成，只需要5分钟就能使全身流汗，同时还可以促进全身上下的循环。

该运动法由直立壶铃训练、抡臂、熊步和提升腹肌、平板支撑侧跳4种动作构成。作为可以给予大腿肌肉刺激的运动方法，它能够促进雄性荷尔蒙分泌，随着年纪的增加，会集中刺激逐渐增加的肋部肌肉。另外，通过高难度的全身运动和直立运动可以将突出来的大肚腩消灭掉。系统地进行这4种动作，可以重塑健康结实的身体。

直立壶铃训练

难易度 | 一级下

运动效果 通过刺激大腿部位的肌肉，可以达到促进雄性荷尔蒙顺畅分泌的效果。通过举壶铃的方式可以刺激脖子周边以及上半身的肌肉。

1 腿部张开，呈肩膀宽度的1.5倍。

2 双手抓住壶铃并将手背向外。

没有壶铃可以使用哑铃，如果没有哑铃也可以使用水瓶。
使用哑铃时，选择可以掌握重心的重量。

3 手持壶铃向下，弯曲膝盖下蹲，下蹲的时候吸气。

4 维持这种姿势并将壶铃举至肩线处，此时胳膊肘呈V字形，将气吐出。该动作8次为一组，做3组。

抡臂

难易度 | 一级中

运动效果 可以刺激腰部和盆骨之间的肌肉，同时对于减少肋部的肉也有帮助。

1 将右脚摆正，左脚向外侧站立。

2 用右臂将哑铃举起至头顶处。

3

将左边腿部弯曲的同时用左手背将大腿向下捋，使上半身最大限度弯下去。此时将视线移向举哑铃的手指处。该动作8次为一组，做3组。以相同动作在反方向进行。

熊步和提升腹肌

难易度 | 一级上

运动效果 全身有氧运动，可以促进血液循环，抬腿的动作可以刺激腹部肌肉，也可以使象征着老化的大肚腩消失。

趴下，将身体尽量与地面保持水平。

1 将腿部分开趴下后，像熊在爬一样，双手轮换支撑身体并进行4次，向瑜伽垫边缘处前进。

2 将右边膝盖弯曲至两边的胳膊肘处，每一边进行1次。

如果没有瑜伽垫，在生硬的地板上进行这样的动作，手腕会感到很吃力；而在地板上铺上薄薄的被子，由于被子与地面的摩擦力较小，所以可能会有滑倒的危险，因此大家应该多加注意。

3 将左边膝盖弯曲至两边的胳膊肘处，每一边进行1次。

4 两边来回各做1次后跳起，该动作8次为1组，做3组。

平板支撑侧跳

难易度 | 一级上

运动效果 保持身体挺立的动作，可以给予腹部肌肉一定的刺激，腿部张开后立即恢复原来的动作，可以增强该动作的刺激效果。

1 身体呈俯卧撑姿势后，将双手并拢，并将胳膊肘打开。

保持与地面呈水平状态。

2 腿部向两侧打开并返回，该动作重复两次。

可以给整个腿部肌肉以一定的刺激。该运动在抬腿的过程中，可以使臀部肌肉变得发达紧致。

3

趴在地上的时候轮换将腿向上下来回移动，该动作每8次为1组，做3组。

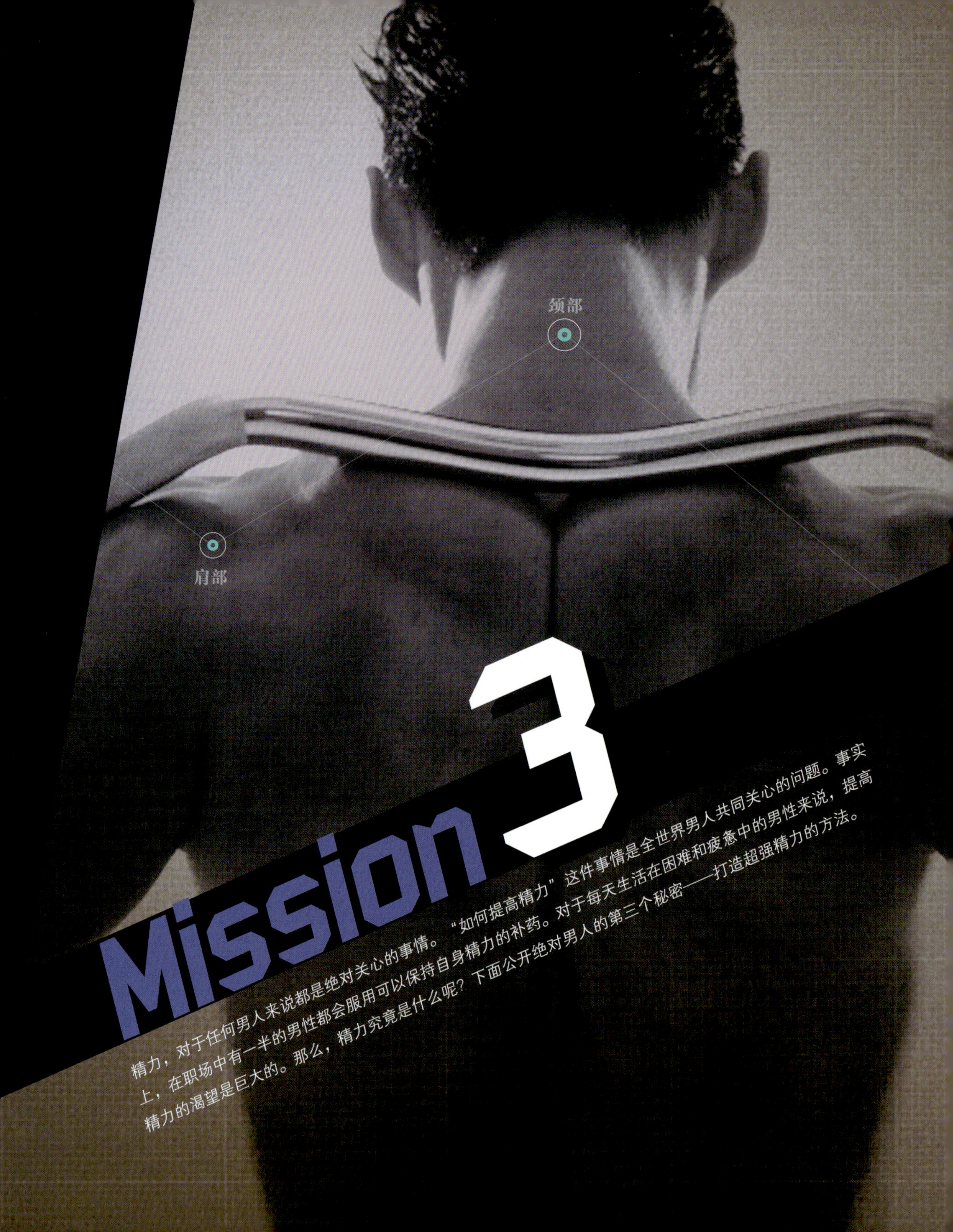

Mission 3

精力，对于任何男人来说都是绝对关心的事情。“如何提高精力”这件事情是全世界男人共同关心的问题。事实上，在职场中有一半的男性都会服用可以保持自身精力的补药。对于每天生活在困难和疲惫中的男性来说，提高精力的渴望是巨大的。那么，精力究竟是什么呢？下面公开绝对男人的第三个秘密——打造超强精力的方法。

绝对男人的秘密之
开发超强精力！

精力被认为有两种含义：一种是晚上的精力，一种是白天的精力。晚上的精力指的是性爱的能力，而白天的精力指的是生机勃勃的生活能量。无论从哪个方面来看，精力好指的是不会轻易产生疲劳感，能让人一直保持活力的状态。精力与身体的肌肉也有关系。如果身体的肌肉非常发达，则代谢能力会很旺盛，与其他人相比，做相同强度的工作也会轻松而充满活力。拥有健康的身体意味着精力好的可能性高。因此对于为精力问题苦恼的男性朋友们来说，首当其冲的就是要减肥。

腹部肥胖越严重，脂肪细胞分泌的雌性荷尔蒙越多，从而导致雄性荷尔蒙相对下降。雄性荷尔蒙的下降会给精子的生成带来问题，进而使荷尔蒙代谢失衡，甚至会影响性欲及勃起。我们经常听到的“干柴火更容易燃烧”的俗语大概也就是这个道理吧。

然而，也不能说身体没有发福，精力就一定是好的。

精力测试法，又名“捡硬币测试法”，人们可以通过这个简单的测试法测试出自己的精力。将一条腿抬起后维持平衡，弯下腰捡起掉在地上的硬币后恢复直立状态，然后再将硬币放下去。这个动作不但可以测试出基本的体力，还可以测试出注意力和身体的平衡感。如果一条腿可以重复动作15次以上，则说明你的精力很好。这是由于精力旺盛的人可以泰然自若地移动，下半身有力量，因而可以使身体保持平衡状态。

肌肉和精力的关系

肌肉量越多，新陈代谢量就会越高，血液循环得也就越好。做相同强度的事情，如果肌肉量多，则相较于其他人不容易感觉到疲劳并充满活力。

下肢的力量与大腿的粗细也有密切的联系。多做运动会使肌肉发达，大腿当然也会变粗。大腿如果变粗了，大腿周边血管的血液循环则会变得很顺畅，这样就会使一个人的精力变好。然而，即使大腿粗，如果没有肌肉而只有软塌塌的肉，也是没有用的。

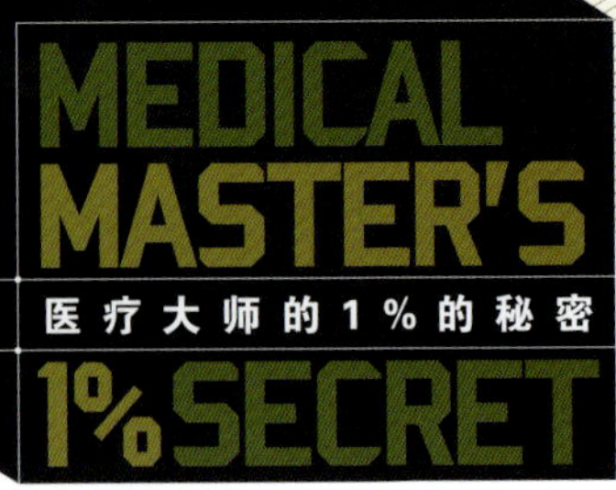

有人说“干柴火更容易燃烧”，这与“大腿粗则精力旺盛”有异曲同工之妙。这两句话在某些程度上是有科学依据的，那么其他与精力相关的说法也是如此吗？下面让我们来通过几个代表性的说法来进一步探索精力的奥秘吧。

说法1. 蒸桑拿会使精力下降？当然了！

蒸桑拿会使男性的阴囊温度上升3度左右，而在高温下精子是难以存活的。在现实中，意大利某大学进行了该问题相关的实验并得出了结论。以10名精子数均在正常范围内的30岁男子为研究对象，每周蒸桑拿2次，每次15分钟，3个月后对精子数进行检测发现精子数量比起实验前明显下降了。

说法2. 四角内裤要比三角内裤对人的精力有好处？是这样的！

为了保持精力，男性的睾丸温度要比体温低1-2度。最近由于流行穿紧身裤，所以穿三角内裤的男性很多，但是这却是最糟糕的穿衣方式，因为它能使人的精力下降。

说法3. 如果被大量电磁波辐射，会导致精力下降？是的！

渗透到我们身体中的电磁波，会在人体内产生电流，对于荷尔蒙的分泌也有影响，因此会给精力带来不好的影响。甚至有研究结果称，使用智能手机、平板电脑等需要的无线通讯网等都会对人的精力产生致命的影响。《绝对男人》中曾经对20多岁的男性精子存活率与wifi的关系进行了实验。将男性的精子提取出来，分别放在常温和与无线网络连接的笔记本电脑前放置2.5小时。从下面的表格可以看出放在连接了wifi的笔记本前的精子大量减少了。这是由于释放出了更多电磁波的缘故。

	实验前	实验后	精子存活率的实验结果
常温	50%	42%	减少8%
连接了wifi的笔记本电脑	50%	32%	减少18%

› 20岁男性的精子存活率实验结果

特别是在生殖器周围使用会带来更加不好的影响，因此要禁止把电脑放在大腿上工作。将智能手机放在裤兜里也是一个不好的习惯，将其放在上衣口袋或者包里面可以很好地维持精力。

说法4. 吃蕨菜和薏米会使精力下降？不是的！

蕨菜含有丰富的蛋白质，对于补充体力有非常棒的效果。薏米则可以帮助排出体内的垃圾，并且含有较低的卡路里。而鳗鱼、参鸡汤、补身汤等作为增强精力的食品也被广泛知晓。

蛋白质可以增强体力，同时对于雄性荷尔蒙的产生有着很大的帮助。但是当今社会，绝大多数人都处于营养过剩的状态，因此不会因为缺乏特定的营养素而导致精力的下降，而是常常由于身体的新陈代谢不够顺畅而产生问题。对于营养方面不必太过于关注。一般来说，公认的对提高精力有帮助的食品，根据年龄不同，效果也不同。

据杂志《女人趋向》2012年10月刊的报道称，对于精力旺盛的20-30岁的男性来说，常吃沙拉、核桃、肝等比较好。富含多种维生素的沙拉对于工作强度高的年轻男性消除疲劳、促进血液循环、增强精力方面有很大的帮助。对于想要孩子的已婚男性来说，经常吃核桃和肝比较好，因为他们可以活跃精子运动。核桃可以保护精子，防止有害气体对精子的破坏，同时可以增强精子活力。动物的肝可补充男性射精时排出的锌。

对于精力下降的40-50岁的男性来说，蓝莓、葡萄干、西红柿、牛排等是很好的选择。这个时期的男性神经系统健康，才能在发生性关系的时候充分地感受到性的刺激，因此最重要的是维他命的摄取。能够使人们提升幸福感的代表性神经传达物质是羟色胺，蓝莓、燕麦、牛排中含有大量能制造此种物质的色氨酸和维他命B6，因此对于增强能量效率及神经系统正常运转有着很大的帮助。蓝莓、葡萄干和西红柿中含花青素和番茄红素产生的抗氧化物质，可以提高性高潮的快感。壮年期为了增强瞬间爆发力，应多吃红肉、蛤蜊、牡蛎等。特别是像牛排一样的红肉蛋白质，有利于刺激脑部神经传达物质多巴胺和去甲肾上腺素的分泌，提高性的敏感度。

将有利于提高精力的食物混合到一起可以使效果加倍，下面让我们来看一下他们是怎么做的吧！

第一个食物是西瓜皮的白色果皮。红色果肉和绿色果皮之间的白色果皮中富含号称“天然伟哥”的瓜氨酸Citrullin和精氨酸L-Arginine（血管扩张和血管促进）。当然果肉里面也有这种物质，但是白色果皮中该物质的含量更高。由于果肉含有可以预防前列腺癌的番茄红素，因此广泛意义上来说对于提高精力也是有效果的。

虽然单吃西瓜的白色果皮的部分也很好，但是如果和覆盆子一起食用会使其效果加倍。覆盆子中含有丰富的维他命C，有抗氧化的效果，非常有利于摆脱疲劳恢复体力。如果将西瓜的白色果皮和覆盆子混合在一起榨成果汁喝，可以驱散疲劳，恢复活力，增强体力。

提升精力的“嘎嘣果汁”：

材料：冰冻覆盆子10–20个，1/2个西瓜的白色果皮，牛奶一盒，蜂蜜一大勺。

1. 按照自己的喜好将10–20个左右的覆盆子放入榨汁机中。
2. 将西瓜外部的绿色果皮去掉，只取里面的白色部分放入榨汁机中。
3. 将牛奶和蜂蜜倒入榨汁机中。

★ 也可以用香草冰淇淋代替牛奶。

可以用蓝莓、木莓、黑莓、朝日莓等代替覆盆子放到里面。朝日莓在最近特别受欢迎，它是亚马逊原住民们在战争开始之前为了提升精力、补充体力而必吃的果实。感到精力下降的时候，只是简单地吃一些梅子也会有很大的帮助，在运动之前吃一些梅子，会提升运动效果。

想要增强精力，不单是饮食，运动也很重要。刚刚在前面已经说过，大腿对于人的精力有着重大的影响，不用非去健身房锻炼，这里有一种方法可以很容易地锻炼腿部力量：向后倒着走。倒着走对包括小腿到大腿的整体下肢都能起到作用。这种运动方法对于刺激大腿两侧肌肉要比向前走的运动量多3倍以上。这是由于腿部内侧的肌肉和后面的肌肉在走路的时候不经常使用，所以只要稍加运动，就能快速得到强化。

向后倒着走时，后背挺直展开，一只脚向后踩的同时使脚趾最先着地，当这只脚包括脚后跟在内完全着地的时候，另一只脚就会接着继续走，这时如果扩大步伐，还能够锻炼腰部的肌肉。

另外在日常生活中，有这样一种简单的方法可以很容易地刺激腿部肌肉并强化精力。又名“CEO精力运动法”，该运动法只要从椅子上站起来的时候反复进行5次就可以了。

CEO精力运动法

1. 腹部用力，将臀部从椅子上移开至脚掌支撑身体全部的体重。
2. 以骑马的姿势，将一条腿最大限度伸向身体旁边并回到原位。
3. 换另一条腿进行，重复进行5次。

★ 伸出的腿支撑的重量为体重的20%，而固定的腿将承担体重的80%左右。

为了提高精力，锻炼全身上下的肌肉是非常重要的。不仅仅是表面上可以看得见的大肌肉群，其他的小肌肉也应该锻炼。通过锻炼快肌，能够锻炼自己的爆发力和力量；通过锻炼慢肌能够提升自己的持久力，这就是野王运动法。

野王运动法是利用“实心球”进行的运动。实心球与篮球长得很相似，重量有1kg至5kg不等。如果使用实心球锻炼，可以锻炼肩膀、胳膊、腹肌、肋下、大腿等部位的肌肉。比起举相同重量的哑铃，需要更多的力量，所以可以锻炼全身的肌肉。如果没有实心球，可以用水瓶来代替。但是大家要记住的是，必须要横着握住水瓶才能使腹部更加用力。

玩转实心球

难易度 | 一级中

运动效果 不但可以刺激脊椎周围的肌肉，还可以刺激腿部及臀部的肌肉，这是一种可以使下肢肌肉发达的运动法。

1 将腿分开至与肩同宽站立，并将实心球举至与胸同高。

2 弯腿下蹲的同时手持实心球放低。

从开始就举重的实心球，很容易将腰部拉伤，因此请大家注意。
如果没有实心球，可以用水瓶来代替。但必须要横着握住水瓶，才能让腹部用力。

为了防止受伤，一定要将腰挺直。

3 起身的同时将实心球举到与肩膀同高，并将第二个动作再进行1次。

4 起身并将实心球举到头顶以上，以每10次为1组，做3组。

侧身扭摆前屈深蹲

难易度 | 一级下

运动效果 使用实心球，将腿向旁边伸展的同时做弓步动作，大腿内侧及上半身在回转的过程中会刺激腹部肌肉。

1 将实心球举至胸部并将腿打开至与肩同宽。

2 将腿部向斜前方张开至最大限度，这时应与上半身的角度呈60-70度左右。并让支撑身体的脚固定住。

3 将上半身转向左边至最大限度，然后恢复至第二个动作。

4 回到第一个动作后反方向以相同方式进行该动作。以每10次为1组，做3组。

侧转实心球

难易度 | 一级中

运动效果 将腿部弯曲刺激大腿肌肉，转动腰部和实心球可以刺激肋部及腹部肌肉。

1 将腿张开至与肩同宽，并将实心球举至胸部处。

视线要跟随着球走，
可以刺激肋部肌肉。

2 将右脚向后移并坐下，这时将实心球向左斜方放下，腰部也随之一起扭动，该动作重复1次。

3 回到第一个动作后反方向以相同方式进行该动作。以每10次为1组，做3组。

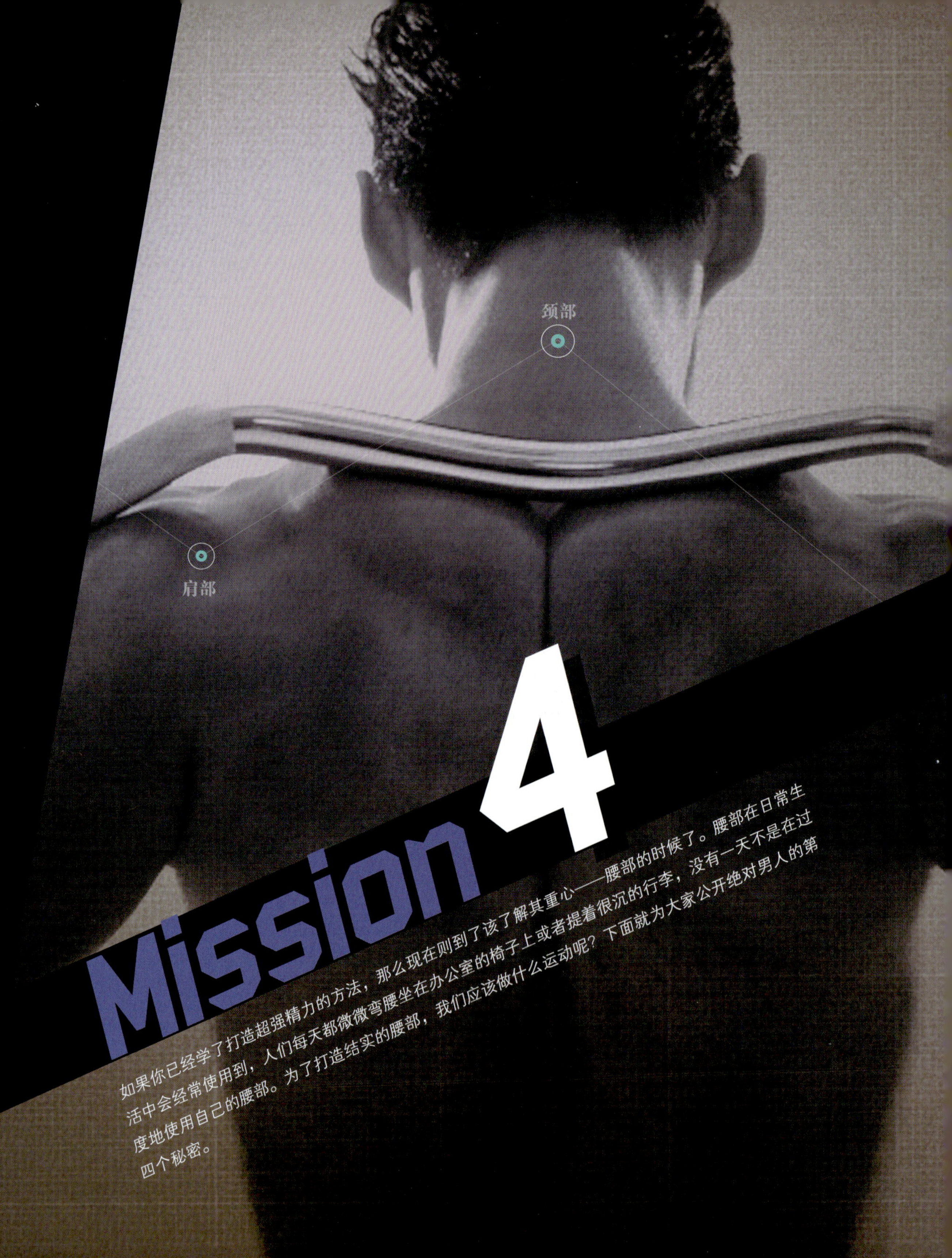

Mission 4

如果你已经学了打造超强精力的方法，那么现在则到了该了解其重心——腰部的时候了。腰部在日常生活中会经常使用到，人们每天都微微弯腰坐在办公室的椅子上或者提着很沉的行李，没有一天不是在过度地使用自己的腰部。为了打造结实的腰部，我们应该做什么运动呢？下面就为大家公开绝对男人的第四个秘密。

绝对男人的秘密之“救活”你的腰！

手腕

肘部

谈到强大男人的特征就不得不说到腰部了，事实上如果腰部不好的话，就不能很好地用力。在做运动或者是提东西的时候，腰部不好会给我们的生活带来很大的影响，这是因为腰部是人体的重心，也是力量的考察点。正如想要将房子盖得很牢固就必须要打牢地基一样，我们只有当身体的基石——腰部健康，才能在日常生活中正常地生活下去。四脚禽兽是没有腰痛的，但是对于人类来说，由于需要用两只脚来支撑起全身的重量，作为身体重心的腰部常常为了掌握平衡而承担了非常多的重量。

腰部与精力也有非常深的联系，可以称之为男性象征的“勃起中枢”也在腰部。“勃起中枢”是指包括所有末梢神经在内的中枢神经中掌管着勃起功能的神经。这个部位在第五块腰骨与第一块尾椎骨之间，平时如果经常给予这个部位一定的刺激，可以提高人的精力。

另外，由于勃起中枢连接着肛门的括约肌，因此可以说括约肌越有力量，则人的精力越好。

在朝鲜时代撰写的《东医宝鉴》中提到："腰部是精力的仓库"，因此腰部的柔软性以及肌肉力量对于男人的精力是非常重要的。

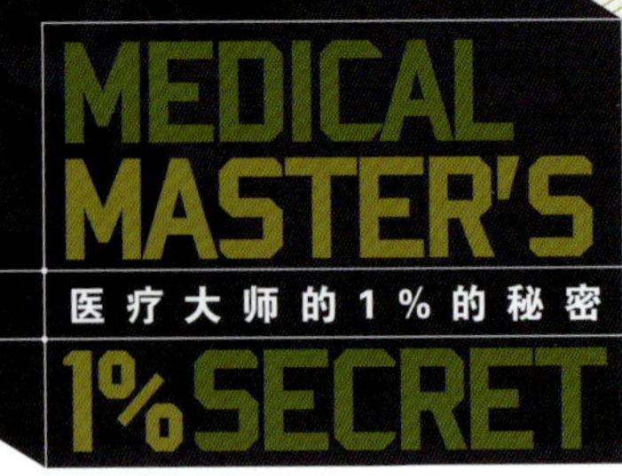

我们经常会毫无理由地感到腰部酸痛，这个时候往往会陷入一种要不要去医院检查的不安当中。当疼痛持续一段时间时，可能是腰部出现了某种问题，但仅仅是凭借这种疼痛来断定腰部的状态是不可取的。如果想要判断腰部的健康状态、检查腰部的柔软性以及肌肉的力量，这里有一种简单的方法，可以让你不用去医院，自己就能够检测出来，那就是“画L字”检测法。首先趴在地上，将双腿紧贴地面，然后将两臂向上伸展后，不依靠胳膊及腿部的力量，仅利用腰部力量将身体向后最大限度抬起。虽然弯腰的程度不可能像字母表中的L一样呈90度，但是腰部向后面弯的程度越大，则证明腰部的柔软性越好；这个动作坚持的时间越久，则证明腰部的肌肉力量越好；如果高度没有达到20cm，则说明柔软性不佳；而这个动作没坚持到30秒腿便落回地面上，则说明腰部肌肉力量不足。

那么怎样锻炼腰部的力量呢？首先让我们来看看跟腰部相关的几个一般概

念以及我们平时应该注意些什么，应该养成什么样的习惯。

概念1. 打喷嚏也会腰痛？当然了！

咳嗽以及打喷嚏到了肩膀抖动的程度，腹部的肌肉就会瞬间收缩，由于这种压力增加会刺激脊椎，所以可能诱发腰部疼痛。如果吸烟多，肺以及支气管就会变得越来越差，最终导致咳嗽频发。这时连接脊椎的软骨所承受的压力会瞬间增大，导致腰部的负担加重。

概念2. 越热敷腰部越好？错！

热敷对于慢性腰痛病会有所帮助，但是对于急性腰痛，热敷反而会引起炎症甚至内部出血而导致症状恶化，这个时候应该用冷毛巾或者冰块冷敷后进行治疗。

概念3. 骑自行车会使精力下降？这是有可能的！

骑自行车可能会导致阴茎的血流量减少。原因就在于自行车车座，尖细的自行车车座前端接触会阴部压迫血管，从而导致血流量降低。

但是骑自行车是一项很好的有氧运动，只要多加注意，这将是一个很好的运动方法。为了防止会阴部长时间受到压迫，可以稍稍抬起臀部，或骑一个小时后休息5-10分钟。此外，使用垫子比较软的车座或者穿自行车专用裤子都是很好的方法。这种裤子由于里面有保护垫，会保护臀部及会阴部免受刺激。

那么什么食物对腰部有好处呢？许多男人认为对腰部力量有好处的食物一定非常贵，而且非常难找，并且营养非常丰富。但是如果营养过剩，则会引发蛋白尿甚至肾结石等，此外还会引起失眠以及忧郁症。这里给大家介绍一个可以放心食用并能够强化腰部力量的食物——虾，虾的功效自古以来在很多文献中都有记载。根据文献记载，在古代皇宫中用虾仁泡酒制药，用以保持皇帝的精力。特别是明朝李时珍写的《本草纲目》中记载："男人在独自旅行时绝对不可食用虾"，这足可见虾的功效了。

事实上，虾肉以低脂肪高蛋白低卡路里而闻名，在这些丰富的蛋白质中含有大量对男人有益的精氨酸，特别是虾壳中预防男性前列腺疾病的甲壳素含量丰富，对男性的腰部健康有很大的帮助。另外，虾肉中含有一般补药中必须加入的丰富的氨基乙磺酸，以及对抗衰老有显著效果的甲克质，且包括钙在内的矿物质和维他命B含量丰富，可以给精力不足的男人提供满满的能量。

虽然有消息称对于胆固醇指数高的人来说一定要避免进食虾肉，但事实上虾肉中的胆固醇是对人体非常有益的。胆固醇是构成人体细胞的主要成分，且是制造男性荷尔蒙的必要成分，因此如果缺乏很多反而会使人的精力下降。此外，由于对身体有益的胆固醇更多地集中在虾的头部以及尾部，所以将虾整个吃下去比较好。当然，再好的食物食用过多也会导致营养过剩，因此我们应该养成适量饮食的习惯。

虽然将虾烤着吃也很好，但由于新鲜虾肉不能保存很长时间而且收拾起来比较麻烦，因此将晒干的淡水虾做成食物会比较方便而且可以经常吃得到。

提升精力的“加油棒”

材料：晒干的淡水虾200g，坚果类200g，麦片40g，糖稀(麦芽糖水+白砂糖)

1. 将蜂蜜和白砂糖以1:1的比例混合后煮开。
2. 将坚果掰成方便吃的大小。
3. 干虾可以根据自己的喜好选择炸或者烤，然后在上面撒一点盐。
4. 将坚果、干虾以及麦片搅拌后放到容器里凝固。

★经过搅拌做出的糖浆会变硬。

淡水果酱虾的好处就是不一定要用刚才所说的材料制作。可以使用家里容易找到的食材一起搅拌，还可以补充自己所缺少的营养。假如家里没有麦片，可以把锅巴弄成小块后放到里面。如果感觉自己需要蛋白质，可以用黑豆代替坚果炒熟后放到里面。对于平时维他命摄取量不足的人来说，可以将类似于葡萄干、越橘干一样的水果干放到里面。我们也可以用蜂蜜或者枫糖浆来代替麦芽糖和白砂糖，使用糖稀也不失为一个好方法。

锻炼柔软而有力的腰部，还有另一种很好的方法——刷牙。刷牙的时候，对臼齿的刺激程度将决定腰部的力量。

我们身体的所有部位都是有机结合起来的。正如往手上扎针的时候可以通过按压中指缓解疼痛，牙齿和腰部也是如此。由于臼齿神经与脊柱神经有着密切的联系，因此刷牙的时候多刺激臼齿内侧的肌肉，可以使腰部更加柔软地弯下去。事实上牙齿不好或者腭关节有问题的人中有很多腰部、背部疼痛，弯腰会感觉困难。严重的话甚至会引发腰部和骨盆歪斜的腰椎间盘突出。总而言之，当感到腰痛或者精力下降时，应该首先检查自己的牙齿、咬肌以及腭关节是否出现了问题。刷牙的时候，将牙刷放进臼齿侧深处然后从里侧往外推，以便慢慢刺激臼齿及其周边的肌肉。如果想得到更直接的效果，就用手指用力按压臼齿肌肉。通过对某位20岁男性的刷牙实验，来观察肌肉的柔软性以及肌肉力量的增加量。从实验结果可以看出柔软性和肌肉力量都有所增加。

	刷牙前	刷牙后	增加量
柔软性	9.9cm	15.1cm	增加5.2cm
肌肉力量	219N	227.7N	增加8.7N

› 20岁男性刷牙前后的肌肉力量及柔软性结果

也有一种平时可以简单操作的“勃起中枢指压法”。用高尔夫球或者拳头来刺激勃起中枢，即上下、左右刺激尾椎骨即可。

另外，做高尔夫挥杆动作以及“勃起中枢伸展运动”也是很好的。将两臂伸直向前紧紧聚拢后，将一条腿向后跨一步的同时扭转腰部。挥杆的时候会扭转腰部，这个姿势是可以刺激到尾椎部位的好方法。

那么，让我们来学一下能够伸展腰部并强化腰部力量的运动方法——利用壶铃，有效锻炼平时很难运动到的腰部肌肉，通过给予全身肌肉紧张感来增强全身的力量，能使自己变得像罗马帝国时期的男人一样强大的“300运动法”。

壶铃锻炼方法是从电影《300》中的演员利用壶铃健身开始广为流传的。拥有着完美身材的歌手Rain也以利用壶铃运动著称。冷不丁一看虽然壶铃像沉重的铁块一样，但是对肌肉力量运动和有氧运动都可以带来很好的效果。壶铃号称“我手中的体育馆”，有4kg到40kg不等的大小和重量。男性应从8kg、女性应从4kg的壶铃开始锻炼，当身体开始适应这种运动的时候就可以一个月增加2kg的重量来提高运动效果。

斯巴达式深蹲

难易度 | 一级中

运动效果 将壶铃举起，维持深蹲的动作提起壶铃，推动的时候可以强化腰部、臀部及括约肌的肌肉力量。手持壶铃的时候，由于身体的重心一直在前面，可以使得腰部的肌肉更加紧张。

1 将腿部分开至与肩膀同宽，将上半身弯下并用两手抓住壶铃。

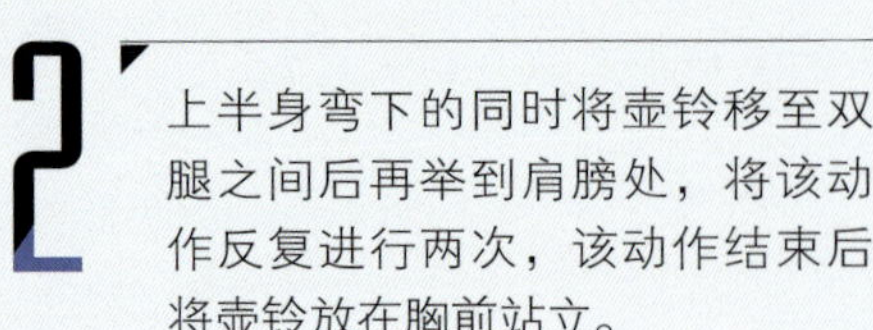

2 上半身弯下的同时将壶铃移至双腿之间后再举到肩膀处，将该动作反复进行两次，该动作结束后将壶铃放在胸前站立。

3

将胳膊肘触及膝盖处并深蹲至最大限度。臀部用力的同时挺直腰部再一次站起来。举起两次与深蹲1次为1组，做10组。

格斗士前屈深蹲

难易度 | 一级上

运动效果 基本的弓步动作加肩膀上提动作，可以强烈刺激腰部、臀部以及大腿并且强化全身的肌肉。

1 用右手抓壶铃，并将壶铃向臀部后面伸展，左手向后推。

2 将壶铃从身体前方向上方提，并放在胸前保持静止状态。

特别是在将壶铃向上举的动作中，腰部以及腹部的肌肉会用力支撑壶铃的重量，因而运动效果会加倍。

如果没有壶铃，可以用两只手来抓哑铃，考虑到壶铃重量的问题，可以使用比平常稍重的哑铃。

3 将右腿伸出并做弓步动作的同时，将壶铃举至头顶以上。

4 回到第一个动作，重复20次，换另一侧再做20次。此为1组，共做3组。

亚历山大扭转

难易度 | 一级上

运动效果 健康的腰部是指腰部的前后侧肌肉都必须发达。该运动是前后左右锻炼脊柱的腹肌核心运动，是保持腰部健康最适合的运动。

当腰部感到负担过重的时候，可以把腿部伸直贴着地面。

1 坐在地上腿交叉并抬起脚，将身体下弯至45度。这时腹部用力掌握平衡并将壶铃提到胸前位置。如果腹部用力过多会很辛苦，而且可能没做几次就放弃了，因此稍稍用力弯一下会比较好。

2 将整个身体最大限度向右侧扭转。此时注意配合动作进行呼吸，并有节奏地反复进行该动作。

3 暂时在最后一个动作上稍稍停顿后，换方向向左侧最大限度转身，以每20次为1组，做3组。

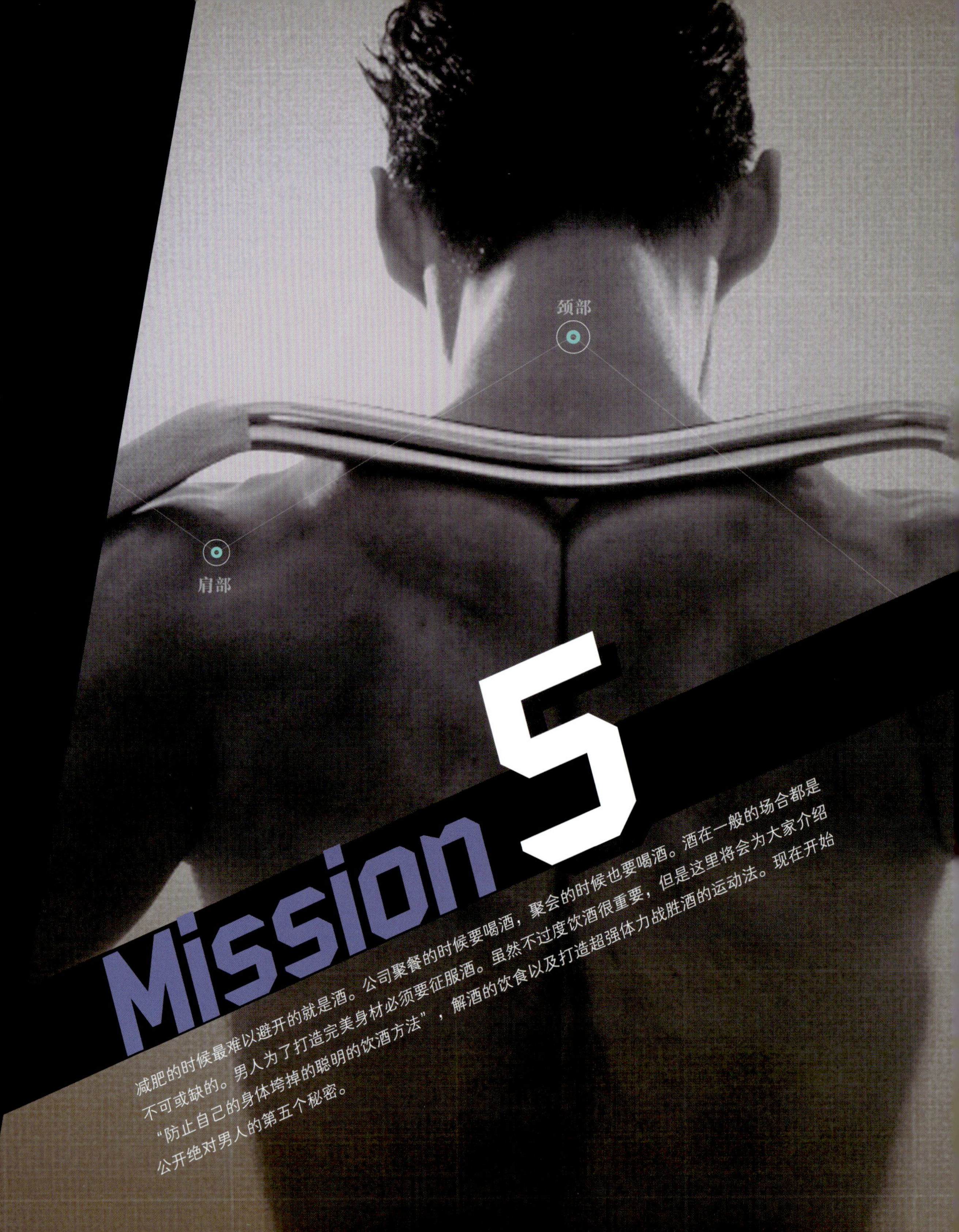

Mission 5

减肥的时候最难以避开的就是酒。公司聚餐的时候要喝酒，聚会的时候也要喝酒。酒在一般的场合都是不可或缺的。男人为了打造完美身材必须要征服酒。虽然不过度饮酒很重要，但是这里将会为大家介绍“防止自己的身体垮掉的聪明的饮酒方法”，解酒的饮食以及打造超强体力战胜酒的运动法。现在开始公开绝对男人的第五个秘密。

绝对男人的秘密之
控制你的酒量！

手腕

肘部

打造出男人完美身材的另一个关键词就是酒，谁都没有办法避开酒。对于男人来说酒不单单是饮料，还是职场生活或者人际关系中不可缺少的交流工具。2013年CNN电视台的报道称韩国被选定为“最喜欢酒的国家”第七位，韩国每人年均饮酒量为14.4升，其中81.8%的男人喝酒。因此在可以称为饮酒大国，酒文化盛行的韩国社会中戒酒健身想必是极难的。过度饮酒，迟早都会使身体垮掉，但是如果清楚身体和酒的关系，就可以将酒从拖垮身体变成打造完美身体。

首先，理解酒量的秘密是最重要的。喝相同量的酒但每个人醉的程度不同，是由于肝的原因。准确来说是因为肝脏中酒精分解酶，酶的量越多酒精就会分解得越快，从而可以喝更多的酒。

一般情况下男人比女人能喝酒，也是由于男人身体中的这种酶要比女人多两倍。由于女人身体中的水分要比男人少，因此喝酒的时候更容易醉。酒精散播到全身各处与水相溶后，酒精浓度会被稀释，因而身体中的水分越多就醉得越慢。

另外，俗话说酒量越练越大，这并不是因为酒精分解酶增加了，而是因为随着对酒精反应的脑细胞越来越迟钝，产生了喝更多的酒才会醉的抗性。增加酒精分解酶最好的方法是运动。体力变好，可以促进新陈代谢，含有很多水分的肌肉量也会增加，可以将自己的身体转换为能快速分解酒精的身体。因此肌肉越多、运动做得越多的人，在酒桌上坚持到最后的可能性越高。

有一个很简单的测试方法，可以测试自己是不是具有在酒桌上可以坚持到最后的体力。这就是被称为恶魔运动的“波比测试”。这是可以在短时间内将运动效果最大化的有氧运动，是可以在短时间内最快消耗卡路里的高强度运动，如果能在30秒内做到12次左右的话，就能判断这个人体力充沛到能够整晚喝酒都不会倒下。

酒量与酒的度数和喝酒的方法也有关系。并不是酒的度数越高就越容易醉，酒精度数在10-15度的时候身体最容易吸收酒精，因此喝红酒或者清酒会比喝40-50度左右的洋酒更容易醉。其中，将烧酒和啤酒混合后度数大约为14度左右的烧啤最容易被身体吸收。还有一饮而尽更容易吸收酒精，比如说将一杯烧啤一饮而尽相当于喝了半瓶烧酒。

波比测试法

1. 将腰部挺直后站立。
2. 将上半身弯下后两手撑在地上。
3. 将两腿呈跳跃状，向后伸直，将肩膀和脚尖保持直线。
4. 再一次向前跳。
5. 将姿势恢复到原来的位置后重复之前的动作。

★ 趴在地上保持肩膀和手在同一直线上。

预防肩膀受伤

虽然说酒席是令人愉快的，但不一定所有的酒席都会让人心情好。反观社会生活，即使身体非常疲惫，也不得不被拽去酒局，如果有人把这种热闹的气氛打破的话，就会使其他人心情变得很糟糕。有些人只要一喝了酒就会变得很偏激或者话会变得特别多，也有些人会大哭，这是因为大脑的前额叶在作祟。前额叶是可以调节人们情绪的部位，酒精触动到这个部位，平时被压抑的感情就会一下子爆发出来。

那么在避不开的场合里，就没有喝酒也不会醉的方法吗？多喝水或者多吃饭也是不错的，但是有比这更简单的方法。

一个就是在去约定场合前躺30分钟，肝脏起着过滤血液中的垃圾并分配我们身体内的营养成分的作用。由于躺下可以使流向肝部的血液比平时多70%，可以使全身的营养成分快速被分配到身体各处，因此分解酒精的速度就会加快，身体的状态也会变好，即使喝了等量的酒也不可能醉得那

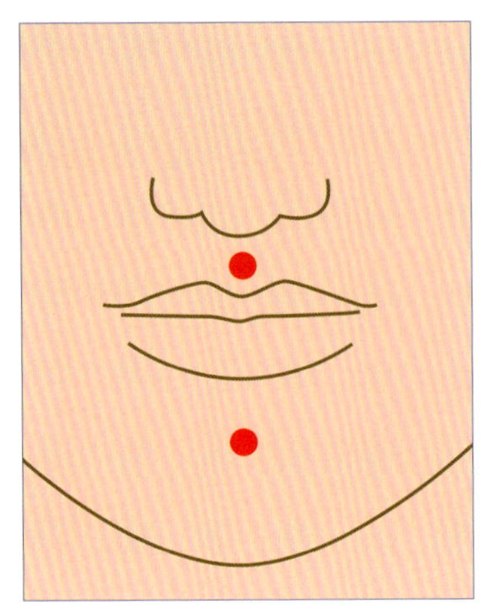

》能醒酒的穴位——人中和承浆穴

么厉害。当然如果喝了酒后躺下来会使解酒功能活跃，也就能更快地醒酒。

另一个方法就是提前吃巧克力或者糖一样的甜食。饮酒过后，在分解酒精的过程中需要用到葡萄糖，巧克力和糖会转化成葡萄糖，加快酒精分解。只要在饮酒前吃一块巧克力、两块糖就可以了。

如果躺着或者吃甜食也无法解酒时轻轻按鼻子和嘴唇之间的人中，酒一下子就会醒了。人中是人体正中央的重要穴位，昏迷或者突然头疼的时候刺激这个位置可以起到舒缓精神的作用。

这时如果同时按压嘴唇下面的“承浆穴”，可以刺激胃和肠以助消化，因而可以更快地醒酒。但由于这两部分都是要害，如果按压的力量很大会很危险，用大拇指轻轻按压1分钟左右就可以了。

酒后的第二天充分休息是最好的。充分的休息可以分泌出有助于解酒的荷尔蒙。但是如果不能好好地休息，最好吃有利于解酒的食物。一般都会想喝辣辣的汤和油腻的食物，但这样做只会使因为酒而受到损伤的肠胃再一次受到刺激。相比之下，清淡的汤可以更好地促进新陈代谢，并且有利于将造成宿醉的物质排出体外。

最好的解酒的食物就是豆芽解酒汤。豆芽中含有的天冬氨酸可以快速清除我们体内因为酒精而形成的垃圾，还可以恢复体力，由于汤中大部分是水分，因而可以稀释酒精，对消除宿醉也有非常好的效果。

	饮酒前	饮酒后	减少量
板栗	0.128	0.105	0.023
煎鸡蛋	0.112	0.009	0.103
番茄汁	0.102	0.083	0.019

› 简单的可以消除宿醉的食物

板栗、鸡蛋、番茄汁对于解酒都非常有效。板栗中含有丰富的碳水化合物、蛋白质及维他命，作为营养来源含有丰富的果糖，可以促使肠胃变得健康。特别是在喝过酒之后，如果感觉到胃烧，则更应该吃板栗了。板栗中含有的维他命B和维他命C会对胃起到很好的保护作用。另外，吃生栗子是最好的选择，但是在便利店买那种加工好的板栗吃也是可以的。鸡蛋中含有丰富的卵磷脂对解酒也有很大的帮助。蛋黄中含有的甲硫蛋氨酸也可以提高肝脏的恢复能力，蛋黄煮得越生，这种甲硫蛋氨酸就越容易被人体吸收，因此如果可以生吃的话是最好不过的了。而番茄中含有的番茄红素可以有效降低血液中的酒精浓度，不但对宿醉起到作用，在喝酒的时候作为下酒菜也是极好的。

有些人为了消除这种宿醉而选择去桑拿房排出汗液，然而事实上由于酒精大部分是由小便排出体外，因此排汗是没有多大用处的。身体为了解酒会处于一种大量需要水分的状态，而强行排出汗液可能会出现脱水症状而晕倒。另外在喝完酒后，身体在分解酒精的过程中会产生一种名为乳酸的物质，这种乳酸如果在体内积累，则会使肌肉感到酸痛。这个时候进行有氧运动或者按摩放松一下为好。

有很多人在喝酒的时候最担心的就是卡路里。由于担心会长肉，所以很多人会选择喝烧酒而非容易让人有饱腹感的啤酒，但这个想法是错的。酒精度数越高则卡路里越高。事实上喝酒长肉的罪魁祸首是下酒菜。喝酒的时候，我们的身体为了消除这种有毒物质而暂时停止脂肪的燃烧，转而燃烧酒精。即，酒精可以很快被消耗，但是与酒一起吃下去的下酒菜的卡路里则会留在体内并储存下来。偶尔会听到有人说酒的卡路里不会在体内累积，因而会选择喝酒减肥法，但是如果一直喝酒体内就会大量产生一种阻止脂肪燃烧的物质“皮质醇”，这种物质会使身体转变成那种易长肉的体质。

过度饮酒还会使肌肉变得松弛。如果酒精代谢过度频发，就会打破体内的酸碱平衡，产生大量的自由基，这种物质会快速氧化蛋白质，从而妨碍蛋白的同化合成。即使在喝酒前为了补充蛋白质而吃药也没有太大的作用，特别是像啤酒一样含有酵母的酒会妨碍肌肉的形成。

但并不是所有的酒都是如此，而且特别令人惊讶的是有些酒可以促进肌肉的形成，这就是白葡萄酒。当然不是说只要一喝这个酒就能无条件使肌肉变大，而是喝了白葡萄酒可以在短时间内促进肌肉的扩张，这等于是一种肌肉强化剂。这是由于白葡萄酒中含有一种称为“对羟苯基乙醇”的物质，可以在短时间内使血管扩张并且可以促进体内的血液循环。特别是在运动前10分钟喝这种酒的话，可以很明显地看到肌肉变大的效果。但是如果体内含有的酒精量过多的话，反而会引起肌肉松弛，因此150毫升左右最为适合。

如果按照烧酒、啤酒、红酒3:4:2的法则饮酒，将不会给肝脏带来负担。下面给大家介绍一种解酒的伸展运动，肝部饱受酒精摧残的绝对男人们可以通过这种运动方法促进血液循环，并且能快速恢复肝脏的功能。

解救疲惫肝脏的伸展运动

1. 将腿打开至与肩同宽后站立，并将双臂最大限度打开。
2. 就像要把酒气都吐出去一样大口地呼吸并将身体向左侧扭动。保持着最大限度将身体拉长的心情一直伸展下去。
3. 以相同的方法在反方向做。

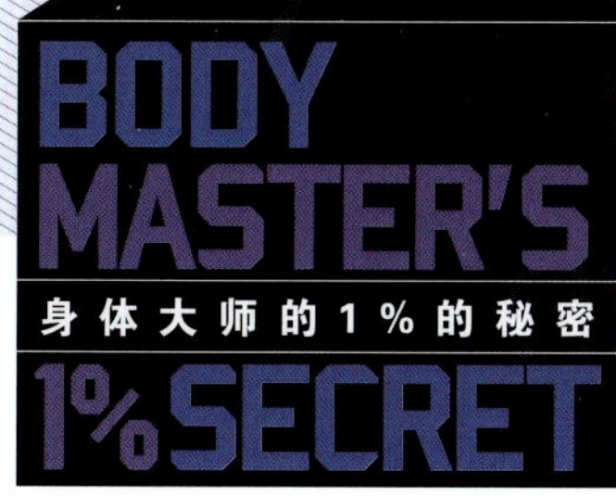

适当的饮酒对于健康是有好处的，但是反观现在的社会生活，人们想做到适当饮酒是非常难的。如果不想在酒桌上有任何失误，就必须要拥有一个强健的体魄和毅力。下面为大家介绍一个十分有帮助的运动方法。

如果想要拥有一个在酒桌上能够“存活”下来的钢铁身体，只单纯地集中于锻炼某一部分力量或者某一个部位是不可取的。通过有氧运动锻炼体内的大肌肉群，体力才变得越来越好，而且对于解酒也很有帮助。由于肌肉的70%以上都是由水分构成，因而如果肌肉多的话，对于解酒也是相当有利的。我们可以通过锻炼全身各处的英雄运动法成为在酒桌上坚持到最后的英雄。英雄运动法就如它的名字一样，是将英雄特有的动作与运动结合的一种运动法。从超人在天空中飞翔的样子中获得灵感创造出了超人突袭前屈深蹲，从爬墙蜘蛛侠的样子中获得灵感创造的蜘蛛侠冻结，可以让我们在运动的同时感受到前所未有的快乐。

超人突袭前屈深蹲

难易度 | 一级中

运动效果 可以均匀地锻炼腹部、脊柱周边肌肉、腿部肌肉、上半身肌肉乃至全身肌肉。

1 将腿部打开至与肩同宽，站立。

2 将一条腿向前大跨一步，后面的腿打开并做深蹲动作。同时将双臂紧贴身体两侧。

如果肩膀比较弱则胳膊向前防止受伤，膝盖或者腰部较弱则做深蹲的动作时可以稍稍将膝盖弯曲。伸展胳膊的时候用力才会有效果。

3 胳膊与身体保持在一条直线上，双臂用力向前伸展并用力猛击。

4 将胳膊用力向下伸并且保持身体直立。该套动作以5次为1组，做5组。

雷神猛击

难易度 | 一级中

运动效果 做画半圆的动作强化腰部肌肉，将手向下猛击强化腹肌力量。如果采用举哑铃，则效果更为明显。

1 将腿打开至肩宽的1.5倍。

2 两手向左画半圆并抬起。

3 腹部用力并将双手由头部以上至下方猛击。

4 反方向以相同动作重复进行，每12次为1组，做5组。

蜘蛛侠冻结

难易度 | 一级上

运动效果 这是一种可以强化背部、腹部、腿部、臂部肌肉的全身运动法。将腿抬起并伸展，可以加大运动强度。

1 采取俯卧撑的姿势。

2 扭动身体的同时伸展右腿和左臂，同时将左手向身体方向拉。

3 恢复至1号动作后继续做俯卧撑姿势。

伸展胳膊的时候将手最大限度弯到90度并向身体方向拉才有效果。

4 反方向重复2号和3号动作。

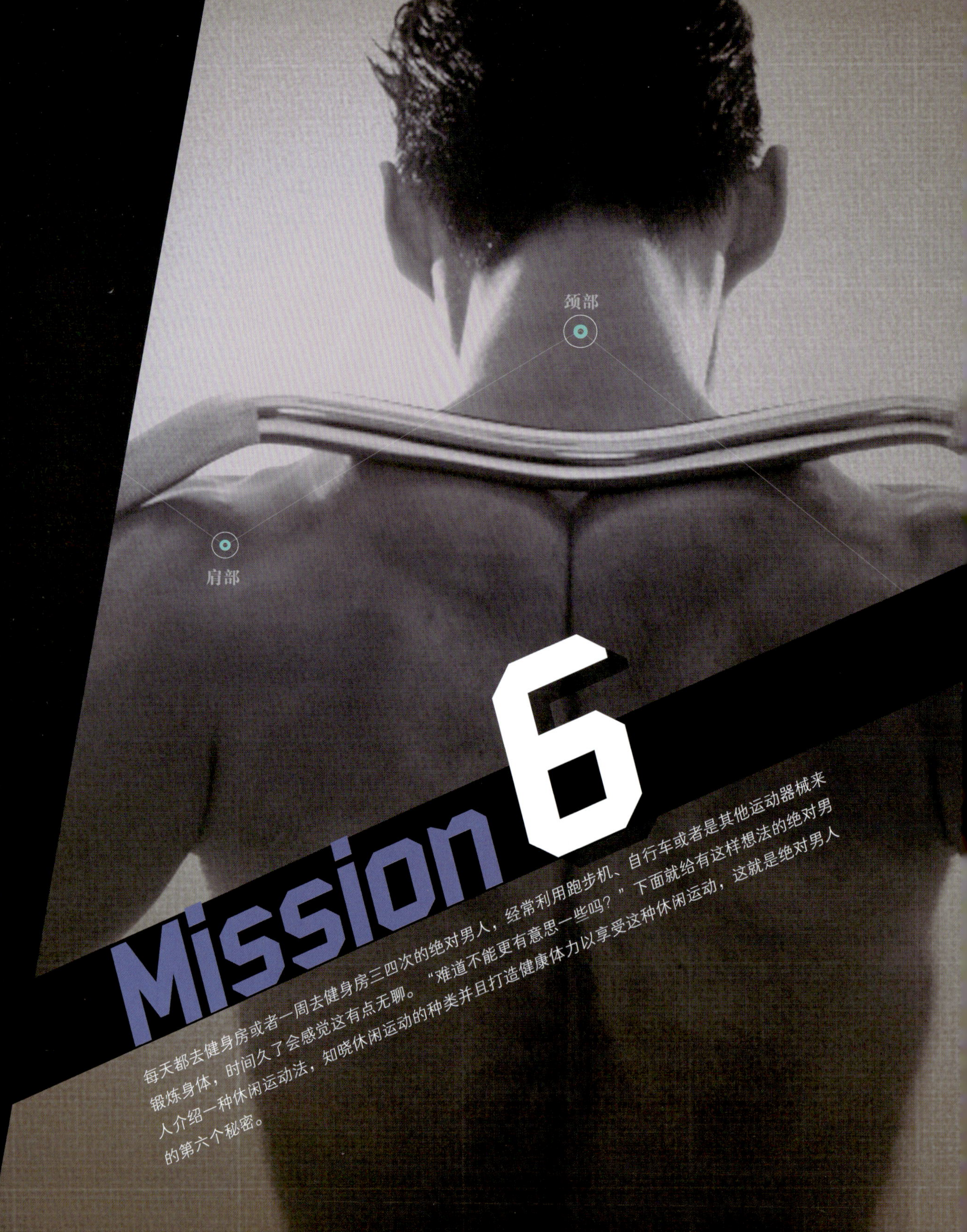

Mission 6

每天都去健身房或者一周去健身房三四次的绝对男人，经常利用跑步机、自行车或者是其他运动器械来锻炼身体，时间久了会感觉这有点无聊。“难道不能更有意思一些吗？”下面就给有这样想法的绝对男人介绍一种休闲运动法，知晓休闲运动的种类并且打造健康体力以享受这种休闲运动，这就是绝对男人的第六个秘密。

绝对男人的秘密之
享受休闲体育运动!

手腕

肘部

有些人不喜欢去健身俱乐部但是喜欢休闲体育，因为室内运动可能变成有规则的训练，而休闲运动却是在享受闲暇的时间。这也不是说只要是户外运动就一定好，两者各有自己的长处。

与在健身俱乐部相比，休闲体育还有一个特殊的效果。

重量训练可以功能性地使身体各部位发达，锻炼成看起来很健康的身材。作为必需的运动，它不受天气、气温等影响，只需要配合自己的运动强度就能马上做到，这就是它的长处。

而且，因为室外风的阻力更大，能消耗更多的卡路里，所以能有效地提高心肺耐力。

举例来说，在跑步机上跑步时，可以抓着两边的扶手栏杆跑。那样的话会减少上半身的运动，所以比起户外运动，消耗的卡路里较少。在户外的话，道路情况比较复杂，运动量会变多，从而给脚板、脚趾、膝盖关节增加负担。

如果是考虑要做有便利性和安全性运动的人，那么跑步机对他更有效果。但是和其他的运动相比，休闲运动的优点最符合人类的本性。

现在我们的基因和史前时代的人相比较，基本上是没有什么变化的。在大自然中跑、跳，在大海里面游泳，类似这样的原始人的生活方式，对于现代人也是同样有效的。

休闲运动跟一贯的室内运动不一样，因为环境的变数很大，身体可能会经受意料之外的影响。特别需要小心的症状就是低体温症。低体温症不只是在天气冷的时候会得的病。即使是在炎热的夏天，如果皮肤温度急剧下降的话也会出现低体温症。例如在冷水中运动，水中的对流形成漩涡的同时也带走了身体的热气，那么身体为了产生更多的热气，就会消耗更多的氧气。这个结果就会导致肺也急促地呼吸。随着体温下降，呼吸也会变凉，思考力会变弱，连运动能力也下降了。严重的会导致死亡。我们身体的正常体温是36.5度，就算降低1.5度也能让身体产生严重的颤抖，降到33度的话就会造成肌肉僵直，再继续下降的话就会失去意识，脉搏跳动变慢。如果降到28度的话就会造成心脏机能停止。

37.5	正常
36	能稍微感觉到冷
35	感觉到很冷，低体温初期症状
33	肌肉僵直
31	意识低下，低体温症状严重
29	脉搏及呼吸变慢
28	心脏停止跳动，死亡

› 低体温症状变化

在享受休闲运动的时候遇到了意料之外的体温下降的情况时，做“肚脐问候”就可以了。即弯腰问候的动作反复做10遍。这是能使背部与腹部的肌肉均匀发力的最基本的动作。腰与腹能够持续地弯曲打开的话，胃与肠等消化器官活跃，同时身体内部的温度整体上升，是在最短的时间内使身体均匀发热的动作。

但是，不能做消耗大量能量的激烈运动，使身体温度瞬间升高。因为这样的话短时间内会流很多汗，使身体的热气被带走更多，还不如把手插在腋下。腋下是动脉和静脉跟心脏离得最近的部位。皮肤组织很薄，所以热气很容易流失，因此在休闲运动的时候感觉到冷的话，把手插入腋下能补充体温。再者头和脖子也是容易流失热气的地方，把这些部位包裹起来也是一个很好的方法。

在休闲运动中，最需要强调的就是补充足够的水分。

消耗很多能量的运动一定会流很多汗，所以需要补充水分。但是水喝太多也会有危险。在美国有一个喝水大赛，有一个女性参加了该比赛，所以需要补充水分在短时间内喝了7.5升水，结果死亡了。这就是水中毒，如果喝了很多没有盐分的水就会稀释血液，为了维持血液的浓度，水分就会渗透进细胞，之后连脑细胞都会被渗透，会造成头痛、呕吐，严重的话能够导致死亡。平时不会喝那样多的水，但是休闲运动的时候，因为不知道天气和自身身体的状况而喝了大量水的事情时有发生，这很危险。适当的喝水量是1-2个小时喝一杯水，每小时不要喝超过1升的水，做剧烈运动的时候喝一些包含电解质的饮料最好。

休闲运动是可以同时收获健康和快乐的方法，能使生活变得更有趣。最近被选出来的最有人气的休闲运动就是攀岩、冲浪和越野跑，这些运动能最有效地塑造强韧体力。

能运动到全身的休闲运动——攀岩

攀岩的动作是需要自身很细微地移动，所以能有效地锻炼到在重力训练中很难锻炼到的剩余肌肉。

先来看看攀岩的基本动作都有什么，效果怎样。首先有一个抓住单杠引体向上的动作，这是向上的动作中最基础的动作。这时候使用的肌肉就是抓住石头向上爬时使用的肌肉。如果想要更好的效果，那么给予一定的反冲力——做拍水跳的同时做引体向上动作，进行攀岩训练时，将背部伸展开，并以无后坐力的姿势攀岩比较好。像这样的引体动作虽然在健身房中也可能做得到，但是从实战训练角度来说，挂在岩石上使用肌肉的幅度会有所不同。在岩石上身体不是呈直线移动，而是在不同的位置伸开手，并且适应不同的地形，以各种不同的形态做引体向上或悬挂姿势。身体出现这样的形态，不但可以锻炼背部及两臂的肌肉，连它们周边的肌肉也可以同时锻炼。

攀岩的基本动作在附近的运动场也可以做到，天桥上就可以。在天桥上能够用胳膊做I-L-V动作。I字形的悬挂动作就像在攀爬岩壁时保持短时间呼吸平稳，上半身用力的同时，不但可以锻炼手及肩膀的力量，同时也可以刺激腰部及背部的肌肉；将胳膊弯曲呈L字形并做悬挂动作，就像在岩壁上移动的时候以必要的姿势攀爬，手腕将会倾入很大的力量；最后是将胳膊弯曲呈V字形的动作，这就好比脚蹬岩壁攀爬的时候，从胳膊至肩膀都要十分用力，对于肩膀的训练十分有帮助。总而言之，攀岩当中的悬挂动作并不是说在岩石上挂的时间越长越好，而是应该均匀地运用上半身的力量。事实上，即使不做攀岩，在平时常常做这个动作的话，也可以看到与一般的引体向上不同的效果。

做攀岩动作的时候，最重点运用到的肌肉就是在L动作中使用的肌肉。如果这个肌肉变得发达的话，将会拥有强健粗壮的臂膀。如果想要集中地锻炼前臂肌肉，只要反复做握紧拳头松开拳头的动作即可。

夏季的休闲运动——花样滑水板

一个小时就能消耗掉200卡路里的花样滑水板运动，是夏季最具人气

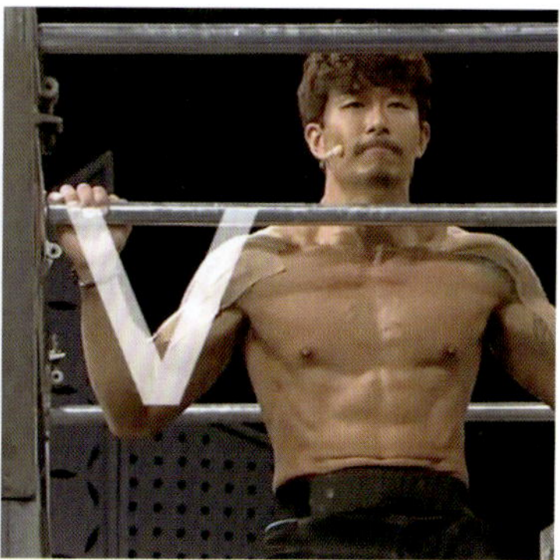

› 攀爬的基本动作——I–L–V动作

无敌臂部肌肉运动法

1. 将双臂向前伸展并握紧拳头后打开，此动作进行10次。此时手指尖尽可能压手掌。
2. 双手握拳后瞬间打开的同时将两臂向回缩，该动作进行10次。
3. 双手像紧紧抓网球一样握紧拳头后打开，并将双臂向回缩。此动作重复进行10次。

的休闲运动。挂在小船上的动作和将身体的力量运用到花样滑板上是此项运动的核心。将身体挂在船上虽然需要臂部的力量，但是如果腹部及下半身肌肉的力量不足的话，则无法顺利地进行该项运动。

花式滑水板的基本动作是将身体弯曲并下蹲后再站起来。如果途中转移重心，则在身体倾斜的时候不能将身体移开或者下蹲。因此，能够不晃动且掌握好重心的人，可以说具有很好的花样滑水板能力。

在平时的运动中，如果很难掌握重心，则做 “不对称运动”比较好。

必须做 “不对称运动”的理由是通过故意打破重心来掌握重心的训练，可以使平时并不怎么能用到的肌肉得到充分的锻炼，将来在任何情况下都能很好地掌握重心。这是美国特种部队队员为掌握身体重心而做的运动，长时间坚持的话，将会拥有不逊于他们的强韧体力及平衡能力。

不对称俯卧撑

1. 在基本的俯卧撑姿势的基础上，右手向前伸的同时将左手向下弯。
2. 将右边的腿向上伸呈蝎子姿势。
3. 在这样的状态下做俯卧撑。
4. 反方向以相同动作做5次。

不对称弓形姿势

1. 将脚掌贴地躺下，伸展腰部呈弓形姿势。
2. 将胳膊向身体前方用力伸展，并将每侧的腿都向上反复抬起。
3. 每个动作维持10秒，每个动作进行5次。

比起水上运动，更加能够让人上瘾的运动就是跑步。随着跑步人数的不断增加，相关的活动也变得越来越多，为了跑步，各地也不断建设新的道路。但是随着跑步的人数增加，受伤的人也在不断增加。为了防止受伤，在跑步之前应做适当的伸展运动，但要注意的是不要过度地伸展，否则，肌肉就会变得过于松弛，这反而会受伤。伸展运动最多进行15分钟，且每个动作只要维持15秒即可。

伸展运动结束后，有一种方法可以帮助你跑得更好。用橡皮筋将脚腕及脚趾呈8字形连接缠绕，可以强化韧带的力量，随着脚与地面间的弹力加强，速度也会得到一定程度的提升。也就是说，由于使用了橡皮筋，骨头与骨头之间越来越紧密，韧带的力量也因此而加强了。同样的，网球选手或保龄球选手在手腕处缠绷带运动的情况很多，这是为了将手腕的力量发挥到最大。

那么跑步的时候如果只在脚腕处缠橡皮筋呢？这种方法虽然也可以，但是由于跑步的时候不只是脚腕运动，同时还有脚趾、脚掌、脚后跟，因而连接脚趾和脚腕间的韧带也需要得到强化。参加跑步比赛的选手如果缠绷带会被取消资格，但平时训练可以这样做，会达到较好的训练效果。

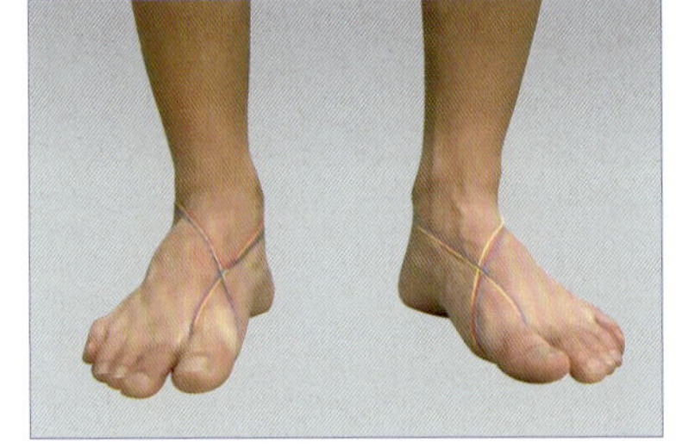

使用橡皮筋打的8字形图片

跑步升级——越野跑

为了探寻更多的趣味，人们会将两个及以上的领域结合为一体而创造出一种新的休闲运动。因此人们将目光从跑步转移到了越野跑，并决定挑战它。在崎岖不平的山路中进行的越野跑是从美国及欧洲国家逐渐流行起来的。这是一种脱离城市中心、在不同的地形中进行的运动，因而可以说它将休闲运动的娱乐性放大到了极限。虽然这种运动比起一般的跑步来说需要考虑更多的安全问题，但是在山中奔跑的快感是在一般道路上的跑步比不了的。如果觉得跑步太累的话，即使步行上山，运动效果也不错。男人们最喜欢的休闲运动是登山，原因也在于此。

越野跑

山中的氧气资源非常丰富，因而可以在随心所欲地呼吸新鲜空气的同时，使燃烧体脂肪的效果得到提升。另外，相关的研究证明，登山可以使大脑变聪明。行走在高低不平的山路上，人们会为了维持身体的平衡而做出一切努力，同时刺激了大脑的脑前叶，这对于促进大脑记忆力也是十分有帮助的。在美国的“记忆王”比赛中，有一位选手5分钟内记下303个数字，他在向大家介绍自己的记忆力如此强的秘诀时，就曾说过登山。

登山不需要配备极其昂贵的装备，必要的就好。由于山中的天气多变，可能会使体温下降或者又突然上升，所以应该穿一些吸汗能力强的衣服。另外，也应该使用登山杖，它可以分散体重、保护关节，对于安全爬山有很好的帮助，特别是下山的时候。很多人认为，登山过程中如果喝水的话，会使人很快感到疲劳。事实并非如此。正如前面所述，虽然喝大量的水不好，但是当身体缺乏水分的时候却不供给水分，会使人们感到更加疲惫，同时体温的调节也会出现问题。

休闲运动，首先要做一些基本的体能训练。因为如果基础不够牢固，再好的运动都有可能使人受伤。

了解自己的身体状况是当务之急。只要通过一个动作就可以仔细地检测出身体每一个细小部位的状态，这个动作就是“凌空深蹲”。它可以运用到身体不同部位的肌肉。

只有当肩关节的柔韧性及肩胛骨周围的肌肉收缩能力很好，肩膀才会很稳定。手抬起并伸向脑袋后面，同时身体的重心上移，这需要能够掌握重心的肌肉力量。不扭动盆骨，这需要下半身的肌肉力量。

做“凌空深蹲”这个动作时，如果膝盖一直在发抖，则意味着背部肌肉有问题，这是因为力量从背部经过臀部到达膝盖，连接这些部位的所有肌肉聚在了一起且力量不足。如果膝盖抖得很剧烈，可以说明背部的肌肉力量非常薄弱，这时如果强行进行休闲运动，将很容易摔倒甚至严重受伤。

1. 将两脚张开至与肩同宽，站直。
2. 将双臂打开至60度并抬起。
3. 臀部向后伸展的同时将膝盖弯曲。
4. 反复深蹲3次后，将身体停留在下蹲至最深的位置。

如果手臂不能很容易地抬起来，则说明脖子及肩膀的平衡被打破了。

另外，即使特定的部位没什么大问题，如果肌肉聚在一起了，那么休闲运动中也很容易产生障碍。此时利用瑜伽棒进行“肌肉伸展运动”，这对于聚到一起的肌肉有很好的舒展效果。该动作在进行休闲运动的10分钟前进行就可以。如果没有瑜伽棒，可以使用装满水的1.5升的塑料瓶来代替。

肌肉伸展运动

使结实而密集的肌肉变得柔软的伸展运动

1. 将瑜伽棒放在臀部处坐下。
2. 将臀部向左右、前后移动，每个动作进行15次。
3. 抬腿并掌握身体的重心平衡同时实施该动作效果更佳。

缓解大腿内侧疼痛的伸展运动

1. 舒服地趴下并将大腿放在瑜伽棒的上面。
2. 前后移动瑜伽棒。
3. 如想提升强度，可将小腿弯曲。

充满活力的休闲运动可以使生活变得更加丰富多彩，疲惫的身心也可以通过休闲运动来调节。但如果想要提升休闲运动的效果，平时就需要注意锻炼身体。

有一种运动法可以锻炼到休闲运动所需要的肌肉，这种运动方法名为“钢铁体力运动法”，它会运用到哑铃。由于动作不是那么难，因此每个人都很容易学会。“钢铁体力运动法”的特征是锻炼全身的身体平衡感，并使肌肉力量得到加强。每天进行该动作10分钟，就可以锻炼出一个健康的身体。

向上侧弓步

难易度 | 一级下

运动效果 该运动法对于核心肌肉的强化十分有效。动作难度不大且对于身体的伸展方面也很有帮

1 两腿分开至与肩同宽处站立，两手各握一个哑铃并将其举高至肩膀高度。

2 将左脚向旁边移动，右边的膝盖弯曲并承担身体重量。

屈腿的时候，保持盆骨不向任何一边偏移。

助。因而作为进行休闲运动的准备运动，它可以将身体完全打开。

3 握着哑铃的手向左腿处伸展，同时将身体转过去。

4 将身体恢复至1号动作后在反方向进行该动作，以20次为1组，做3组。

旋风力量前屈深蹲

难易度 | 一级中

运动效果 将腿部不断地分开合上的同时做前屈深蹲。将腿并拢的时候可以给大腿两侧一定的刺激，张开腿的时候可以使骨关节周边的肌肉得到锻炼。

注意在弯曲时膝盖不得超过脚尖位置。

1 在双脚分开站立的同时将双手的哑铃举起。

2 将胳膊向前伸，同时将臀部向后伸展并深蹲。

该运动可以给臀部最大的刺激，锻炼下半身的力量，同时可以让人们放心地享受休闲运动带来的乐趣。

3 跳跃后，将双腿打开并做深蹲动作，此时将胳膊向前弯曲。该动作反复进行，20次为1组，做3组。

加油深蹲

运动效果 该运动可以同时锻炼上半身及下半身，举哑铃可以锻炼肩部侧面，每进行一次时，将双腿分开至与肩同宽后站立。

难易度 | 一级中

1 举哑铃的两臂抬高至肩膀处。

2 将左边的腿向两边伸展的同时将右腿弯曲。

注意不要将膝盖弯曲至超过脚尖处。

进行该动作可以强化身体的平衡能力。该运动在身体快要承受不住的时候能锻炼身体的核心肌肉。

3 上身保持直立并将身体向右边转动。

4 恢复至1号动作后在反方向进行相同动作。每20次为1组，做3组。

进攻型侧摆

难易度 | 一级中

运动效果 能够加强平衡并锻炼身体核心肌肉的运动法，将身体摆放为侧伸姿势并将膝盖上抬。

1 右手放至地上并支撑，同时用脚尖支撑身体。

腹部不断用力。

与地面接近的一侧的肋部及大腿的肌肉得到特别的刺激，同时膝盖与胳膊肘做相交动作，以此来刺激肋下肌肉及其他核心肌肉。

2 用左胳膊肘触碰左边的膝盖。

3 用左边的胳膊肘触碰右边的膝盖。该动作进行10次后再在反方向进行。重复做3组。

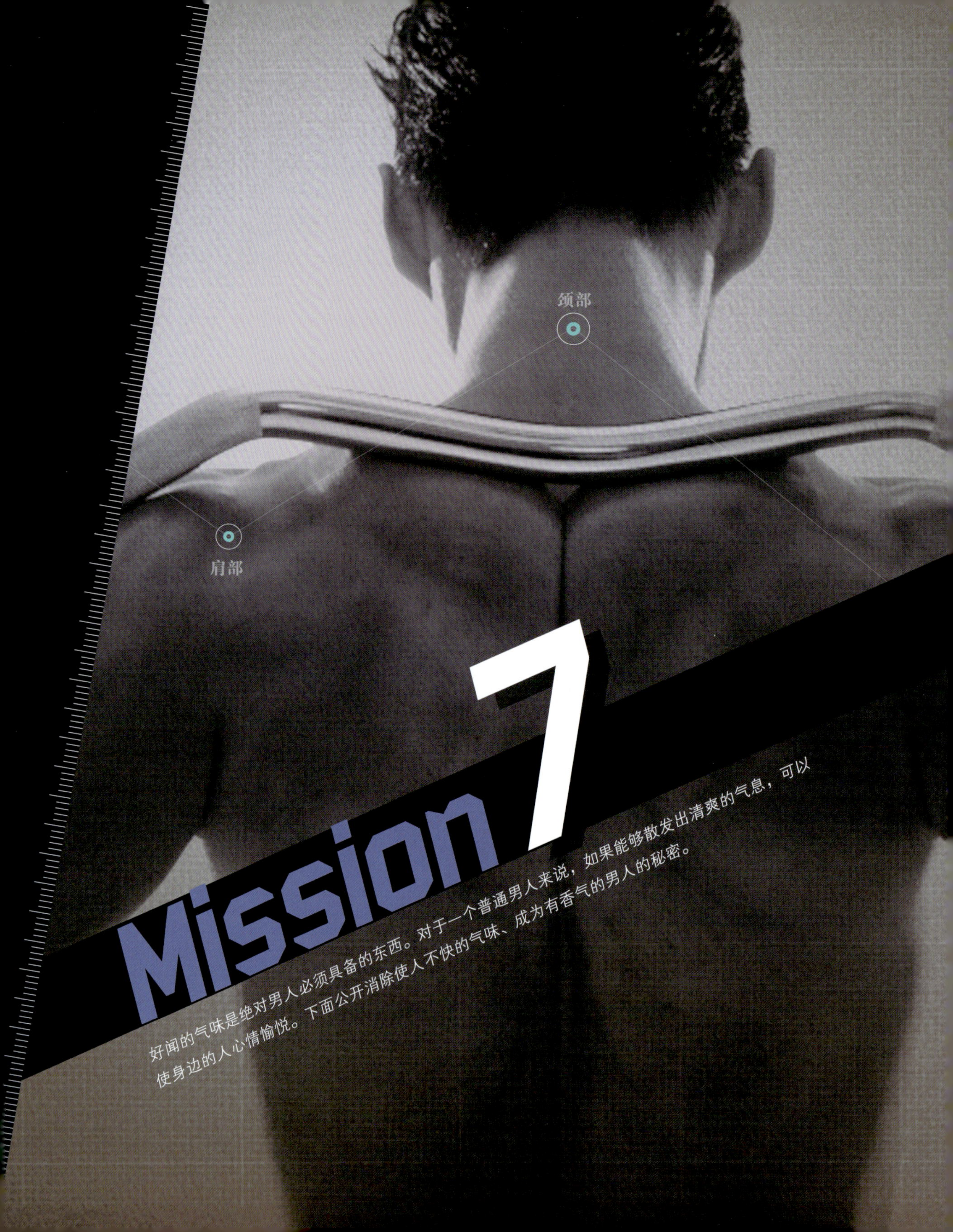

颈部

肩部

Mission 7

好闻的气味是绝对男人必须具备的东西。对于一个普通男人来说，如果能够散发出清爽的气息，可以使身边的人心情愉悦。下面公开消除使人不快的气味、成为有香气的男人的秘密。

绝对男人的秘密之
开发属于自己的香气！

肘部

每个人都有属于自己的独特气味，不看脸也可以凭借气味把人区分开来。绝大多数人对于特殊的气味有着特殊的记忆力，没有出生多久的孩子也能凭气味分辨出妈妈的乳汁，因为嗅觉是人类的本能。记忆和感情也会受到气味的影响。

女人要比男人对气味更加敏感，因而男人如果能够很好地处理自己的臭汗，就能很容易地俘获自己心仪的女人。事实上，调查统计结果显示，在夏季相亲会中最不受欢迎的男人就是有汗臭味的男人。

一说起气味，很多人首先想到汗液，但是并不是说流很多汗就会产生汗臭。事实上汗液本身没有气味，臭味是汗液与皮肤表面的细菌相遇而产生的。不及时擦掉汗，而任由它留在皮肤表面上，那么水分会一直在，同时皮肤表面的细菌也逐渐增加，臭味就产生了。另外，生活习惯的影响也不能忽视，当烟的味道与各种污染物质的气味相混合，就会从身体中散发出恶臭。

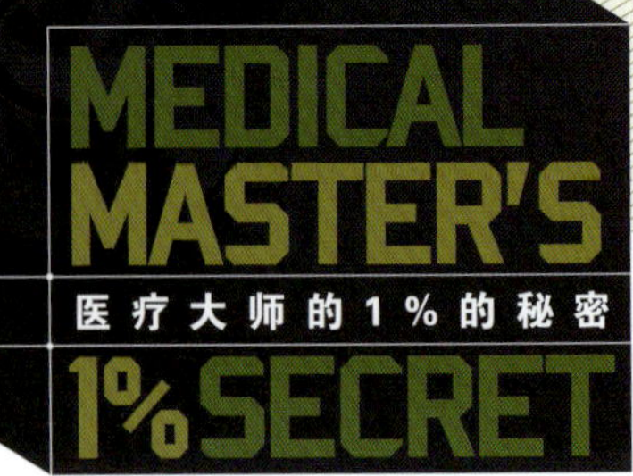

根据前面所说的统计结果显示，从男人身体散发出来的气味中最让女人讨厌的是狐臭。但是对于那种很难管理的恶臭，只要好好地利用也可能给异性带来一定的诱惑力。英国在伊丽莎白女王时期，有一种用男性和女性的汗液来确定彼此的心意的说法。男性在心仪的女子面前挥动在自己腋窝下夹着的手巾，女性则会把渗透着腋下汗液的苹果皮作为定情信物送给男性。这是因为腋下的汗中含有一种可以诱惑异性的物质——外激素。

外激素作为我们人体中唯一可以排放出来的荷尔蒙，主要存在于从腋下的分泌腺中流出的汗液中。由于在这里有很特别的气味成分，闻异性的汗液时就会有强烈的刺激感。特别是在女性闻男性的汗液时，可以使压力得到缓解并能给予一定的安心感，因而会在心理上给女性一定的影响。事实上，有一种实验结果显示，比起在西餐厅见面，在健身房一边运动一边见面成为情侣的概率会更大。因此我们不应该随便将腋下汗液的味道除掉，而是应该只把恶臭除掉，将诱惑性的外激素保留。但是到底应该怎么做呢？答案就在西芹中。西芹中含有丰富的维生素、钙及纤维，同时还包含对细菌及霉菌具有抵抗力的聚乙烯，因而对于恶臭有很好的效果，有“天然外激素”之称，对于外激素的分泌有着促进的作用，特别是包含能够使女性兴奋的荷尔蒙，因此当这种物质随着汗液排出，女性就会对对方产生一种自己都没有察觉的亲密感与母性。

西芹的作用不局限于此。它还可以促进必需蛋白质的合成，并对肌肉的生长有着重要的影响。另外，西芹与鳗鱼、泥鳅一样，在刺激性神经方面非常有效，并能促进身体的新陈代谢，对于提高精力也是非常有效果的，因此又称之为“伟哥蔬菜”。

如果因为西芹独特的味道而不合胃口的话，可以将香蕉、牛奶等与西芹放到一起榨成果汁，这样就可以使其气味减小。当然在其中放入牛奶和鲜奶油做成浓汤也是极好的。

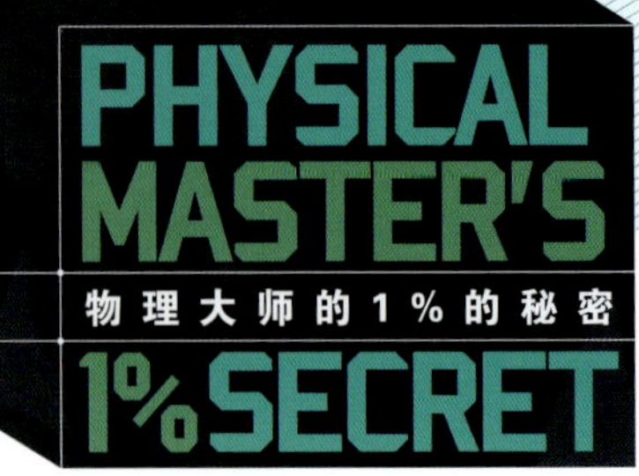

让女人厌恶的气味中，脚臭占了一席之地。脚臭是指脚趾间积蓄的汗液分解成细菌，并产生一种名为“白癣菌”的物质而散发出来的气味。为了去除湿气，可以在鞋中放入报纸或者穿五指袜。特别是夏季梅雨季节，鞋子潮湿的时候比较多，鞋里细菌大量繁殖，脚臭便会加重。因而湿的鞋子必须要烘干后才能穿。

也有的人很好地管理鞋子甚至每天换几双袜子，脚却仍然流很多汗。对于这些人来说，从大脚趾和二脚趾分开的部位向脚背2-3cm处的凹陷处按压穴位会有帮助。这个位置是可以转换气的万能穴位“太冲穴”，按压这个位置可以使聚集在脚部的汗液均匀地散发至全身各处，阻止脚进一步变得潮湿。坐在椅子上，从脚背最高的部位开始到脚趾部位稍稍用力捋，再从脚底返回捋到脚跟处，每只脚反复进行该动作30次会特别有好处。

另外，做一些可以降低足部热量、减少汗液排出的简单伸展运动，也是很有帮助的。在腿部放松并伸展开的状态下，将脚背绷直脚趾向下用力并向回缩，脚腕向反方向弯曲后将脚趾展开，这个动作反复做很有益。用脚趾做石头剪刀布也是不错的选择，剪刀是大脚趾绷直，其他的脚趾向回缩；布是所有的脚趾用力张开。此时脚趾会倾入很大的力量，有助于促进血液循环。

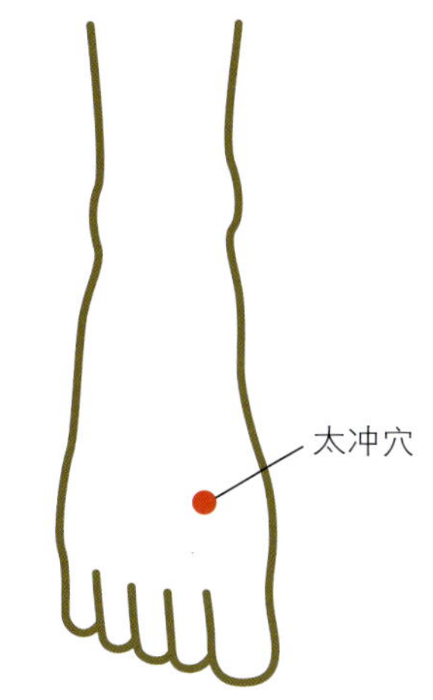

› 可以改变气的流向的太冲穴

使自信心下降的口臭

两千年前的《犹太圣法经传》中就有写道：“对于女人来说，忍受丈夫的口臭就如同诅咒一样，因而可以同意离婚。”从此处就可以看出口臭对于一起生活的另一半来说是一件多么有压力的事情。

口中存在的细菌在分解食物时会生成化合物，进而产生令人不快的气味。如果自己不知道自己的口臭程度，可以通过口臭测试器来检测。

30 以下	没有口臭
30- 59	需要刷牙
60-89	一吃完饭就会产生口臭
90-119	说话时能让对方感受到的程度
120 - 149	口臭极度严重

› 利用口臭测试仪测定的口臭情况

如果没有口臭测试仪，可以用舌头在手背上轻轻舔一下，3秒后再去闻手背上口水的味道，就能够知道自己嘴里的气味了。

无论多么干净的人，口中都是有味道的。因为口气是我们的身体向我们传达体内异常的信号。特别是通过口中的气味可以判断男人的精力下降了多少。这是因为精力与肾脏密切相关，过度耗费身体或者过度饮酒会使肾脏受伤，进而如同多种食物混合到一起一样散发出难闻的气味。除此之外，当胃有炎症的时候会产生臭鸡蛋气味，肝不好时会有洗手间中氨水的味道，鼻窦炎或是扁桃体发炎的时候会产生与鱼腥味类似的气味。因此想要除去口中的味道，必须先从身体内部开始调理。

身体中某一部分出现问题是口气产生的一个重要原因，但更直接的原因是可以从口腔中找到的。口臭90%都是由口腔内的细菌所引起的。细菌越多，就会引起虫牙或牙床发炎，进而出现强烈的口臭。仔细刷牙、嚼口香糖或是用盐水漱口，这些方法只能在短期内有效果，想除去口腔内的细菌，这些是远远不够的。

左右口中气味的因素是口水。口水在我们人体中担当着很重要的角色。口水是使食物很好地消化的根本，同时可以防止细菌残留在牙齿及牙龈上。作为强力抗病菌的成分，口水中所含的溶菌酶可以溶解细菌并保护我们的身体免受疾病的困扰。这也就是说，口水是可以清除口内残留的食物以及各种细菌的一种“洗涤剂”。因此口水的多少就决定这口气的程度。

为了补充唾液的不足，多喝水是一个很好的方法。充分喝水，我们的身体一天就可以分泌出1-1.5升左右的唾液。这是因为唾液99%都是由水构成的。不要一次就把水喝下去，而是在口中像刷牙一样移动，会使口中肌肉变得柔软，对于口气的减少也会很有效果。

起床时产生口臭的情况很多，这是因为睡觉的时候遏制了口水的产生。气味很严重的情况下，则需要反思自己的睡觉习惯，因为张嘴睡觉会使原本积累下来的口水也变干。说话过多之后口中唾液变干也会产生口臭。多吃一些类似于苹果这种多汁的水果是一个不错的方法，但是含糖量过高的苏打水或乳制品应该尽量避免。

刺激唾液腺及下巴肌肉的简单伸展运动可以预防口臭的产生：轻轻按压耳朵下方的唾液腺部位，并反复做向上推的动作。这就是“除去口臭的刺激唾液腺方法”。

第二个方法就是“用舌头写数字”。将舌头贴到上腭并试着去写阿拉伯数字。这个方法可以刺激舌头肌肉从而产生很多的唾液。

对于令女人厌恶的男人的三种臭味，已经向大家介绍了相关的调理方法，这里我们将一起学一下可以刺激男人身体中的外激素的运动法。这就是通过肌肉力量运动及有氧运动的有机结合来清除体内的废物，同时使体内的脏器、血液及皮肤等变得干净的“香气运动法”。

香气运动法需要使用健腹球。健腹球是健身球中间有一个把手，球体本身有弹力。由于在把握重心的时候需要肌肉力量，因而对于能力的消耗有着惊人的效果。使用健腹球来完成的这一动作不但可以促进肌肉的生成，同时还可以减少体脂肪的产生，并有利于汗液的排出，可谓一石三鸟。

打破气味的扭转

难易度 | 一级中

运动效果 一般的深蹲运动可以刺激大腿及臀部，而打破气味的扭转是将健腹球向前举起，因而连肩膀处也会有一定的刺激效果。

1 将腿部张开至与肩同宽，站立，并用双手将健腹球举高至肩膀处。

2 将一只脚向后伸展并做深蹲动作。

再加上扭转动作，可以使整个腹部处于一种紧张状态。由于健腹球球体有弹力，在掌握身体重心的时候需要肌肉力量，因而对能量的消耗也是很有帮助的。

3 将伸展开的腿抬高至与健腹球相碰的位置。

4 脚向两边踩然后抬高，并将整个身体向站立的腿的另一侧转。换腿后重复动作。左右各5次为1组，做3组。

香水抽动俯卧撑

难易度 | 一级中

运动效果 该运动法可以集中锻炼胸部肌肉、腹部肌肉以及大腿肌肉。由于健腹球的球体有弹性，因此在掌握重心的同时可以锻炼到各处的肌肉。

1 弯腰并抓住在地上的健腹球。

2 将健腹球贴在地上并一直推。此时维持身体与胳膊的角度。

由于需要肌肉的力量，因此对于能量的消耗很有帮助。

对于腹部肌肉不足的人来说，可以系健腹球绷带跪在地上。

3 做俯卧撑两次后，腹部发力拉回健腹球至起始动作。该动作每10次为1组，做3组。

香甜气味滑动

难易度 | 一级上

运动效果 该运动可以刺激腹肌及其周边的肌肉，直线及两侧共同移动，可以使腹肌发达一倍以上。由于健

1 双手抓健腹球，膝盖跪地。

2 将健腹球向前推，然后回到原姿势。推健腹球的时候，身体越贴近地面，运动效果越好。

腹球的球体有弹性，因而在掌握重心的同时可以锻炼到各处的肌肉。

3

分别向左边和右边进行两次该动作。

向正面、右边及左边各方向反复进行10次，该动作重复做3组。

香味平板支撑踢腿

难易度 | 一级上

运动效果 该运动方法可以锻炼肩膀前部、中心的肌肉及臀部的肌肉。由于健腹球的球体有弹性，因此在掌

1 趴在健腹球上，肩膀向下放置。将健腹球把手向右边倾斜。此时必须完全贴在地上。

2 将健腹球向右手边支撑，左脚向后做抬起放下动作。该动作做10次。

使该部分完全与地面相贴

握重心的同时可以锻炼到各处的肌肉。

将健腹球绷带夹在脚处进行该动作，运动效果将提升2倍。

3 在反方向实施相同动作。每10次为1组，做3组。

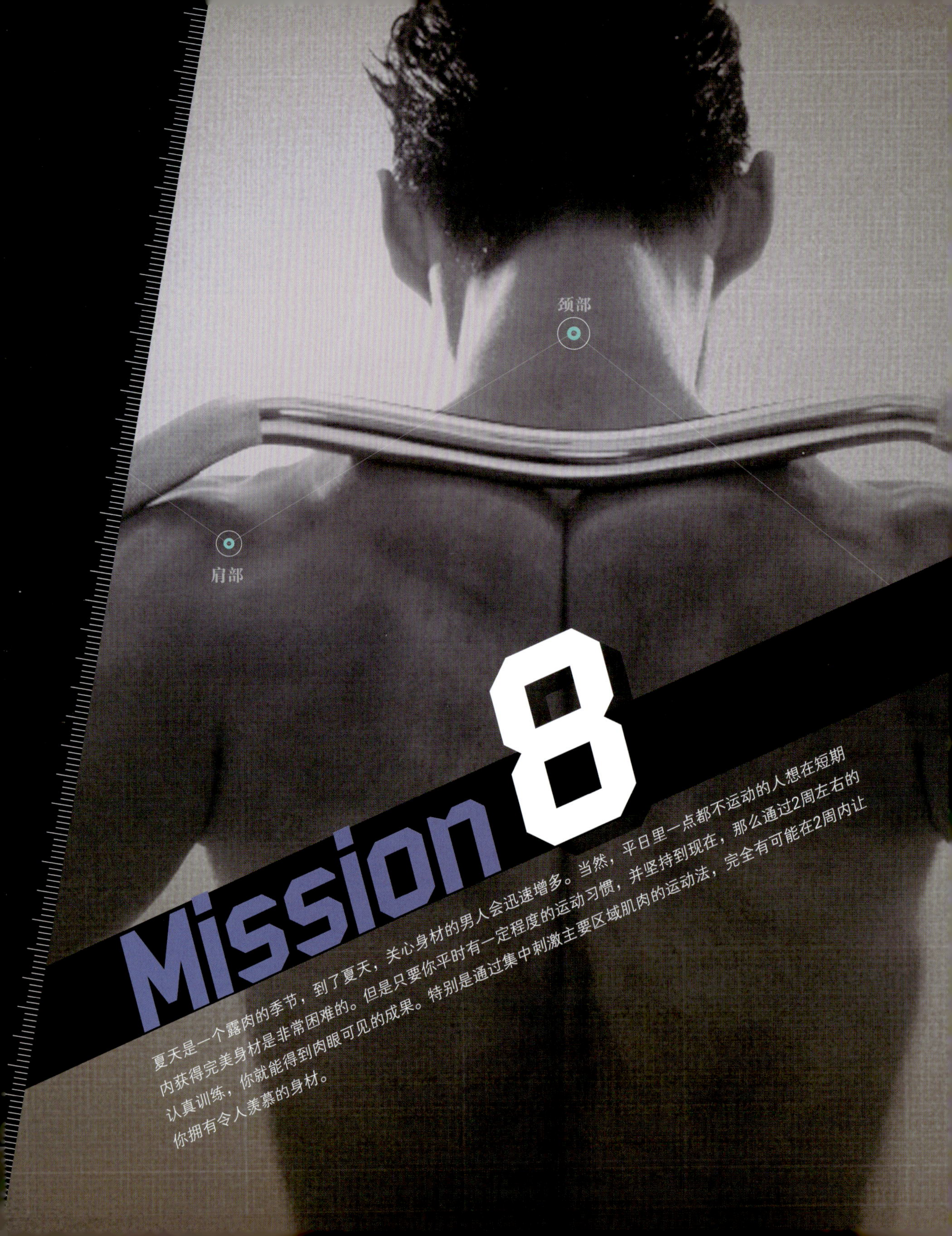

颈部

肩部

Mission 8

夏天是一个露肉的季节，到了夏天，关心身材的男人会迅速增多。当然，平日里一点都不运动的人想在短期内获得完美身材是非常困难的。但是只要你平时有一定程度的运动习惯，并坚持到现在，那么通过2周左右的认真训练，你就能得到肉眼可见的成果。特别是通过集中刺激主要区域肌肉的运动法，完全有可能在2周内让你拥有令人羡慕的身材。

绝对男人的秘密之打造超棒身材!

手腕

肘部

打造名品腹肌

权相宇可以说是完美肌肉的代名词，他从初次登台亮相之后就一直在坚持锻炼腹肌，也正因此而被众人所知。他的巧克力腹肌是通过以下6步实现的。对于平时一直坚持运动、只有一块腹肌的人们，使用此运动方法，出现完美腹肌只是时间的问题；对于完全找不到腹肌的人来说，利用两周时间集中锻炼的话，就能慢慢出现腹肌了。

高抬腿并甩动

1 躺下并将头抬起来，将双腿并拢并稍微抬起，10秒钟后停止该动作。

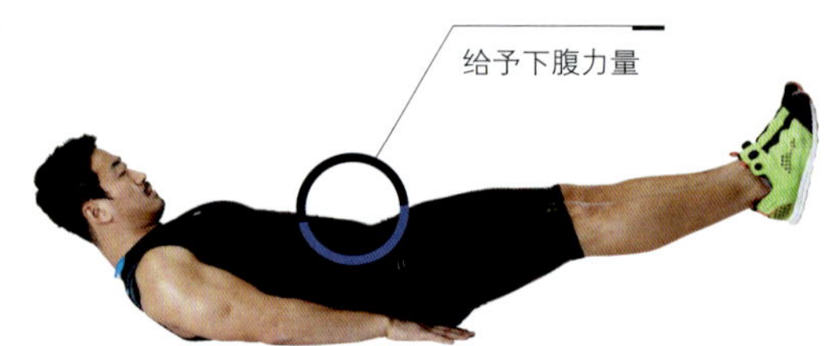

2 吸气的同时将两条腿向天空方向抬起并放下，反复进行该动作。

3 双腿有节奏地上下快速交替运动。

4 进行该动作30次左右后，将双腿在正面稍稍抬起并静止10秒钟。
每30–50次为1组，做3组。

打造名品腹肌

运动效果：即使很短的时间内跟着训练，也能够感觉到腹部在变得结实。虽然该动作看起来很简单，但是效果却是非常惊人的。高抬腿加甩动动作可以刺激下腹肌肉，举哑铃对于腹部及大腿也有一定的刺激作用。每天只需10分钟，坚持锻炼的话就一定可以锻炼出名品腹肌。

难易度：一级中

举哑铃

1 在坐着的状态下将双手向腰后侧伸展，将两个膝盖合拢到一起。并在两脚间夹一个重量适中的哑铃。

2 吐气的时候将两个膝盖向胸部移动。吸气的时候恢复至原位置并静止10秒。以每20–30次为1组，做3组。

打造结实胸肌

想要2周内让身体变得很棒，不只是腹肌，对胸肌也应该给予更多的关注。比起腹肌，胸肌更容易锻炼一些。

这里有一种运动方法，以锻炼胸肌为重点，同时腹肌也可以一起得到锻炼。这种方法需要同时利用两个平衡杠。

打造坚实的胸肌

1 抓住运动器械并将身体倾斜至45度角。

2 胳膊弯曲的同时将其中一边的膝盖向对角线方向伸展。

3 胸部肌肉用力，将身体恢复至原来位置，胳膊弯曲的同时将反方向的膝盖向对角线方向伸展。每20次为1组，做3组。

当下半身达到所能承受的最大限度时，腿部伸展开，将可以给予更多的刺激。俯卧撑及腿部动作按顺序进行即可。

打造结实胸肌

运动效果：该运动法可以锻炼结实的胸肌。由于胳膊与身体的角度不同，所刺激的胸肌也不同。下面两种运动方法可以锻炼下部胸肌。与腿部一起运动的动作不但可以刺激腹部肌肉，对胸肌的效果也是非常明显的。此时使用的平衡杠是可以在狭小空间内使用的，它也可以用矮的椅子来代替。

上部胸肌及肋腹运动法

1 将脚抬到道具上，同时双手撑地。此时将屁股向上抬。

2 弯胳膊的时候一侧的膝盖向肋腹处抬起。
该动作实施两次。

3 反方向以相同的方法运动2次。每10次为1组，做3组。

打造 禽兽男小臂

拥有了田字肌和结实的腹肌，如果肩膀和小臂力量很贫弱的话，身体就会变得不均衡。特别是细细的小臂会让人觉得是个体弱者。事实上在穿夏天衣服的时候，从肩膀到小臂间连接位置的肌肉将是决定衣服形态的最核心部位。还好胳膊上的肌肉比较容易锻炼，只要好好运动就能看得见效果。

花样俯卧撑

1 两手间隔10–15cm，手臂打开后开始做俯卧撑。

2 每进行1次俯卧撑两臂间隔就再扩大一些，该动作重复4次。

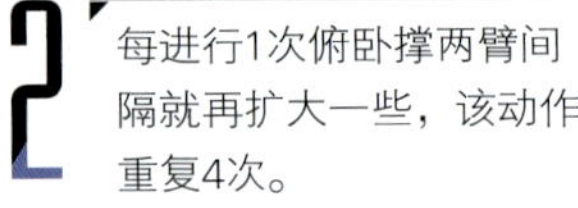

3 再做4次俯卧撑且每次的间隔逐渐减小。反方向也以相同的动作进行3–7组。

打造禽兽男小臂

运动效果：为了在2周内看到效果，必须刺激一次肩膀及胳膊周边的肌肉。不断变化两臂间隔的花样俯卧撑可以同时刺激肩膀以及胳膊前面的肌肉。使用肩部抬高运动法可以按照肩膀的前面、侧面、后面依次锻炼。

难易度：一级中

肩部抬高

1 双手轻轻握住哑铃，上半身弯曲。

2 弯腰的状态下将双手抬高至与肩同高。此时可以锻炼肩部的后面。

3 维持该姿势并将腰部挺直。这将会给肩部侧面一定的刺激。

4 将握哑铃的双手举到胸前并聚拢后向下伸。该动作每20次为1组，做5组。

肌肉力量越好，就越慢地去实施该动作。

锻炼
背部蝴蝶线

希望通过运动锻炼出完美身材的男人们，只要你是一个能好好运动的人，就必然会拥有一个完美的背部肌肉。像胸肌那样的大肌肉群可以很快地锻炼出来，但想要使背部小块肌肉聚集在一起，变成完美的背部，那就必须要倾入很多的力量。所谓的名品背部就是背部中央有蝴蝶线，同时三头肌与斜方肌也达到一种极其和谐的状态。因为长得很像蝴蝶张开翅膀的样子，所以称之为蝴蝶线。现实生活中很多有名的演员为了锻炼背部的蝴蝶线而创造出了一系列的运动法。

背部肌肉运动法1

1 将双腿分开至与肩同宽，站立，将握着哑铃的双手伸向大腿的前方。

2 腰部直直地站立且在吸气的时候上半身向前弯。

3 使胳膊肘弯曲并将双手贴在腰部两侧做划船动作。

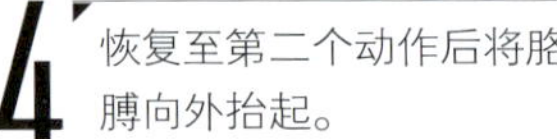

4 恢复至第二个动作后将胳膊向外抬起。

5 重复3-4次该动作后，维持腰部伸展的状态并将上半身向上挺直。
每20-30次为1组，做3组。

锻炼背部蝴蝶线

运动效果：该运动法是可以锻炼性感背部肌肉的哑铃运动法。背部肌肉运动法可以均衡地锻炼背部及肩膀脊柱的肌肉，通过此方法可以锻炼出蝴蝶线的名品背部。另外背部肌肉运动法2可以锻炼后面的肩膀线条和脊柱周边的肌肉，对于其均衡的发展有着很大的帮助。

难易度：一级中

背部肌肉运动法2

1 双手握住哑铃，双腿张开至与肩同宽，弯腰。

2 呼气时将双臂沿与地面平行的方向尽量伸展。

3 左臂伸向右臂的下面，反方向也以相同的方法实施。每15次为1组，做3组。

塑造臀部W曲线

背影完美不是挺拔的身高，而是全身的比例协调。此时挺翘的臀部会起着很大的作用。锻炼下半身的时候比起肥大的衣服，穿贴身的衣服比较好。肥大的衣服容易使人受伤也容易使肌肉和神经放松。而贴身的裤子能使身体的重心移至下半身，能促进运动的效果并在短期内提升运动的能力。臀部与其他部位相比只要投入少量精力就可以马上看到效果，因此在两周内集中锻炼的话就能看到一个不一样的背影。

HIP-HOP运动法

1 将双腿分开至与肩同宽，并将膝盖微微弯曲。此时将双手紧贴大腿后侧。

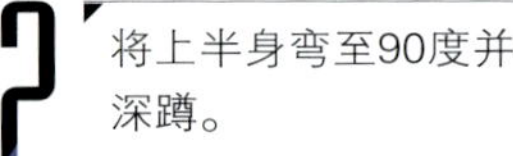

2 将上半身弯至90度并深蹲。

一定要维持上半身的角度。

3 脚后跟给力，同时深蹲起立。该动作进行20次。

塑造臀部W曲线

运动效果： 非常简单易行的方法，任何人都可以很容易跟上。且两组运动都可以刺激臀部及大腿的肌肉。集中两周时间锻炼的话，就能拥有完美的曲线。锻炼臀部肌肉的运动，可以同时锻炼腰部和腹肌，因而能够在短期内打造完美的身材。

难易度： 一级中

单边压步前屈深蹲运动法

1 双腿轮流移向后面并深蹲。此时将身体重心移至后面的腿上。

后面的腿掌握宽度。将后面腿的膝盖弯向前腿内侧。

2 向旁边移动步子并再重复进行1次。每15次为1组，做3组。

矫正腿型 打造完美 修长背影

困扰男人们的另一个问题就是腿的长度，下面来看一下使腿部变长的方法。弯腿后马上站直可以使身高看起来像多了三四厘米一样，只要锻炼平时不怎么锻炼的大腿内侧肌肉和臀部肌肉即可。从现在开始大家坚持做这里所介绍的腿部锻炼法的话就能拥有笔直的美腿。

运动效果：想要摆脱O型腿，尽量使腿弯曲至看起来非常短，以此可以锻炼大腿内侧的肌肉，可以锻炼出笔直的腿且看起来会变长很多。

难易度：一级中

矫正腿部的伸展运动

1 将膝盖最大限度贴紧后向里聚拢并持续用力5秒。

2 将腿部弯曲，同时扭转上半身，保持膝盖不分开。该动作维持5秒。

3 反方向做相同的动作。

Mission 9

颈部

肩部

到现在为止，我们已经了解了打造绝对男人的强健身体和男性魅力的原理和方法。本章中以前面所说的几种运动方法为基础，创造了“7Days 自我PT运动法”，开始运动的人们如果能够熟知这套运动法的原理及动作，就可以独立享受轻松的运动。

绝对男人的秘密之独自锻炼也完美的7Days自助PT

手腕

肘部

1 Days

了解自己的身体并运动，将百战百胜

开始运动的时候，最重要是充分了解自己的身体。如果对自己的身体毫无计划，只是单纯充满热情地投入进去的话，刚开始运动就会产生疲惫感。因此确认好自己的身体状况，并且据此来设定适当的运动目标和运动量就显得尤为重要。

首先通过对身体成分的分析检查，把握身体中的骨骼肌量（反映身体肌肉比重）和体脂肪量。即便是相同的体重，身体中拥有更多弹力和吃再多也不胖的人，与大概体重相比，他们体脂肪量少，骨骼肌量多。这些人因为基本代谢量高，所以就算是坐着不动他们的能量消耗也比别人快。如果身体成分分析结果中体脂肪偏多的话，就要增加有氧运动；如果肌肉不足的话，就要增加肌肉运动量。即便是开始运动之后也要每个月检查一次，根据不同的检查结果来调整运动的比重。

有一个简单的小测试，能估算出一个人需要进行多少量的有氧运动和肌肉运动，叫作“30秒迷你体能检查表”。通过测试所有运动的基本动作——拉伸、推、坐下起立完成的好坏程度来确认基本体力的状态。身体拉伸就是仰卧起坐，推动身体就是俯卧撑，坐下起立就是深蹲，根据在规定时间内能完成的数量来把握体力状态，从而根据自身情况确定适当的运动量。

30秒迷你体能检查表

身体年龄	仰卧起坐	俯卧撑	深蹲	建议
20岁	○（是）	○（是）	○（是）	运动一个小时以上都游刃有余
30岁	×（否）	○（是）	○（是）	运动大概一个小时，要注意调节肌肉运动和有氧运动的比重
40岁	×（否）	×（否）	○（是）	肌肉运动不要举过重的重量（器具）
50岁	×（否）	×（否）	×（否）	一天运动15–20分钟左右，体质改善后逐渐增加运动量

30秒内完成10个仰卧起坐，10个俯卧撑，10个深蹲。

2 Days

独自锻炼的器材运动法1

有这样的例子：无论是在健身俱乐部还是在家，一旦开始运动，不管三七二十一都从跑步机开始。事实上，如果想要正确地开始运动，就必须先从跑步机上下来，并且要开始进行肌肉运动。只有先做能够消化大量碳水化合物的肌肉运动，才能在之后的有氧运动中燃烧体脂肪。如果先开始有氧运动，就会消耗很多碳水化合物，使得之后肌肉运动时缺乏力气。

运动开始前5-10分钟左右，在原地轻跳热身——进行伸展运动舒缓身体是非常有必要的，这也是为了防止关节突然运动引发受伤。完成之后，做肌肉运动和有氧运动时，自主调节运动量的比重——想要锻炼肌肉就要增加肌肉运动量，想减肥就增加有氧运动量。

初级运动者为了锻炼肌肉，从一开始就选择哑铃并不是一个好方法。使用哑铃运动很容易因为姿势错误导致受伤，所以使用能够固定的、安全的运动健身器材比较好。其中史密斯机是非常有效果的。大部分举重机械中，装置是固定的，并且只能锻炼一两个部位。但是史密斯机装有可装卸的长凳、杠铃等装置，可以随意调节，完成锻炼全身所需的数十种动作，也可以根据自己的体力随意调整难易程度。

》史密斯机

在使用史密斯机的时候应该第一天做上体运动，第二天做下体运动

克莱恩长椅冲床：锻炼胸部肌肉的运动法

1. 将椅子角度调到30–45度之间。
2. 躺在椅子上双手抓住杠铃，两手之间距离稍微比肩宽。
3. 将杠铃下放到胸部上方（锁骨下方部分）。
4. 到达最低点时稍微停一下，再将杠铃直直地举起恢复到最初的姿势。

比较好。这样就减少了一下子做全身运动所带来的负担，也感觉不到体力疲劳。应该根据体力和运动的目标来选择适合自身的杠铃重量，想要锻炼肌肉，重量比次数更重要。最多到无法完成8次时，就应该增加重量。相反，想要减肥的话减轻重量并且举15-20个来回就可以。举杠铃时，相比从身体方向推走杠铃，从杠铃方向将身体推开要更好，这样既保持了正确的动作又可以防止受伤。还有，比起胸上肌更想集中锻炼胸下肌的话，应该采取将长凳的角度调节到向下倾斜的姿势。

如果不去健身房，没有器具，那么在第8章中讲到的“胸部锻炼法”就非常合适。这个运动可以强化胸部甚至是腹肌。史密斯机的第二个上体运动是锻炼背部肌肉的分解动作。双手打开与肩同宽，抓住杠铃之后将手伸直，往后胸方向拉，稍微停下来，然后缓缓将手舒展开。这样可以锻炼背肌和保持身体稳定的核心肌肉——背上部和中心部肌肉。如果体力较弱，吊挂很辛苦，做“伯蒂•罗”的动作即可。

没有器具时，做第8章中讲到的“背部肌肉运动法1、2”则可。可以锻炼出结实而具有炫酷蝴蝶线的背部肌肉。

伯蒂·罗：锻炼背部肌肉的运动方法

1. 将手臂打开与肩同宽，抓住单杠。
2. 使两边的肩胛骨向中间聚拢，然后手肘弯曲将胸膛靠近单杠。
3. 到达最高点之后停一下，然后将手臂慢慢伸直回到最开始的动作。

★克莱恩长椅冲床和伯蒂·罗根据手臂展开的位置不同，动作的难易程度也不同。两手间的距离比肩窄，二头肌的使用就会增多，动作就会变得更加简单。

3 Days

独自锻炼的器材运动法2

深蹲是主要锻炼大腿内侧、臀部、起立筋的运动，同时可以带动全身。使用史密斯机器材比较稳定，可以保证安定姿势。

反复深蹲动作中，如果使双脚并拢，杠铃置于身体前方，做坐下起立的动作，可以集中达到全面瘦腿的效果，如果双腿打开至肩的两倍宽，可以锻炼臀部内侧肌肉。如果膝盖脆弱、无法完成这个动作，只需将腿稍微

史密斯机深蹲：锻炼下体肌肉的运动法

1. 将杠铃放在背的上部反手抓住杠铃，脚放在相对靠前的位置上。腰挺直，并保持这种状态最大限度地下蹲。
2. 最开始先将臀部向后舒展，然后膝盖弯曲，到达最低点后稍微停留一下，最后通过相反的动作恢复到开始姿势。

往前移即可。

如果没有史密斯机，那么练习第6章中出现的“旋风力量前屈深蹲”即可。这个运动也可以强化下体。

利用史密斯机完成肌肉运动后，再通过跑步机进行有氧运动是再好不过的事情了。这时姿势非常重要。脖子和腰都要挺直，肩膀保持放松状态，步伐不要太大。如果走得太缓慢就失去了运动效果，应该稍微加快速度，或者走5分钟跑2分钟，在斜坡上走3分钟。

身体不舒服时，选择可以确保动作完成的机器就显得尤为重要了。腰痛的话可以使用跑步机，膝盖痛时要注意适当地骑自行车。第一天跑步机，第二天自行车，第三天踏步机，这样转换可以减少负担。

4 Days

一边休息一边锻炼肌肉吧！

相比每天运动，中间休息一下更好。很多人认为要多运动肌肉，肌肉才会变大。他们认为血流量增加的瞬间肌肉会爆发式增长，事实并非如此。反而充分休息、补充营养的时候肌肉才会真正变大。肌肉如果不休息、持续过度地进行体能训练的话，会导致身体的营养成分不足，肌肉中的蛋白质作为能量消耗掉，肌肉量减少。

事实上，这和使用史密斯机是上体和下体分开锻炼同理——轮流锻炼不同部位肌肉。如果想每天都进行肌肉运动，那么一天胸部练习，接下来一天下体练习，再下一天小臂练习，这样分开练习可以不错过任何一个地方的肌肉训练，并且给了每块肌肉充分的休息时间。

5 Days

运动效果加倍的DIY运动法

休息一天之后再开始运动，不是一件容易的事，这时你就需要不增加运动量但是将运动效果加倍的运动方法。这种方法正是边听音乐边运动法。

因为人类的脑电波会随着比特（注：比特，计算机专业术语，是信息量单位）而变化，听音乐的时候，蛋白质中形成肌肉的肌球蛋白分子收缩会和肌肉一起运动。所以边听音乐边运动，精力和运动持久力都能提高。研究表明听音乐的足球选手要比不听音乐的选手精力高约14%。

但并不是所有音乐都能起到好的作用。听与自己心脏跳动的节奏相近的音乐，会给大脑一种安定感，使得随着运动而增加的心搏数、呼吸、血压等变得均匀，对肌肉的收缩也有帮助。听过快的音乐反而与大脑不合，从而很容易产生不安感和疲倦感。做运动的时候，因为心脏跳得稍微快一点，所以想要符合最大心搏数的80%的拍子，选择听能分泌出120-140比特的舞曲音乐或摇滚音乐就显得比较好。边听与身体和爱好相吻合的音乐边运动，即便是只用一个哑铃也能产生两倍的效果。

最开始的2-3天，使用健身器材，养成稳定的姿势，刺激大肌肉，到了第5天就需要能够将小肌肉变得紧密的运动。使用哑铃可以锻炼各个部位的肌肉，而这样的效果是健身器材所达不到的。哑铃的大小与重量多种多样，可以根据自身的体型和目标选择合适的哑铃，所以独自运动时哑铃会产生比其他小工具更好的效果。

使用哑铃的私人运动法有“工作健步”“压步”“混合伯皮测试”。私人运动法的第一个动作是“工作健步”。以多种健步姿势来作为锻炼下半身肌肉的运动，因为能刺激大腿内侧，所以能够强化大腿的二头肌和四头肌，特别是因为走路时移动重心，在稳定姿势方面，与一般的健步相比，能够找到平衡感，从而达到效果。并且使用哑铃还可以刺激上体和肌肉。

跑步深蹲

1 双腿打开与肩同宽，两手举起哑铃高过头顶。

2 一只脚向前降低，弯曲90度。同时手臂也弯曲90度。

3 恢复开始姿势，相反方向重复相同动作，向前慢慢地完成健步。

压步深蹲

2 在此状态下站立，左手举起哑铃高过头顶。每一边重复4次。

1 左脚向前，右脚伸向左脚后并向下。此时抬起左脚关节，重心向前移。

在做这个运动时，相对脚尖来说，膝盖用得较少。尽最大力气举起哑铃时，将手臂贴在耳朵旁。此时确保哑铃的位置不要在头的前方或后方。

混合波比测试法

1 两手抓住哑铃置于地板上，手放下时两脚向后伸展。

2 将胸靠近地面，做完俯卧撑后，两腿向胸部方向靠拢，起立。

3 弯腰，保持含胸状态，举起哑铃，重复4次。

6 Days

12分钟断奏运动法

到了周末，又想好好休息，又有约会，所以运动就很不容易。在这种时候，做只需要做12分钟的“断奏运动”就可以了。所谓断奏运动就是运动20秒、休息10秒，重复8次，4分钟内完成一组，做3组即可。感觉20秒很短，但因为是高强度的运动所以能一下子消耗很多能量，并且在休息的时候，我们的身体以为还在运动所以会继续消耗卡路里。

但是长时间做断奏运动并不好。高强度的运动在进行到第10-15分钟时消耗脂肪是最有效果的，再继续下去的话会消耗过多的能量，反而会损失肌肉。而且通过平时的肌肉运动，没有充分积攒体力的人在做断奏运动时也不容易顺利消化。可以把它当作忙的时候尝试的一种运动。

轻摇和高抬

1 保持身体低垂的状态抓住绷带。

2 两腿膝盖弯曲，抓着绷带的双手拉到腰部为止。

3 两腿站直，打开，将绷带拉向头部前方。重复20秒左右。

单边压步抬膝

1 将台阶器放于前方，站在台阶器后方弹跳。

2 着陆在台阶器上方后，臀部向后舒展，膝盖弯曲。重复20秒左右。

俯卧撑和弯腰

1 两手抓住哑铃，保持俯卧撑姿势。

2 做1次俯卧撑，将手臂抬起，向前方伸展。

3 相反方向的手臂也抬起，向前方伸展。20秒，重复2–3次。

箱跳侧步

1 台阶器竖放，一只脚踩在台阶器的中间。

2 弹跳，向相反边移动。再弹跳，恢复到开始姿势。重复20秒左右。

7 Days

补充营养

最后一天，给努力运动的自己奖励吧！停止运动，随意吃原本考虑卡路里而不能吃的食物。同时也管理食谱，补充不足的营养元素，这样对塑造体型有帮助。因为只有晚餐会在第二天运动时受到影响，早餐和午餐随心所欲地吃比较好。

有人认为为了保持身材，运动之后什么都不要吃，这是错误的常识。因为运动的时候消耗了太多的碳水化合物，要补充等量的能量才能产生肌肉。例如，运动前或运动后一小时以内，食用葡萄汁或橘子汁之类可以快速吸收的单糖类食物较好；为了减肥，正在调节食谱的人食用香蕉之类的低卡路里的食物较好。

当然鸡胸肉也不能排除在外。鸡胸肉是在运动中的人为了练就坚实的体型而经常吃的代表性食物，虽然有效果，但是每天吃也会腻。为了提口味，用配菜提味也并不是一件坏事。

烤鸡胸肉撒上咖喱粉和海菜沙拉

咖喱可以使鸡肉发挥特有的香味，而且咖喱的姜黄成分可以降低胆固醇，
海菜沙拉卡路里低并且含有丰富的维他命、无机物、矿物质。

鸡胸肉奶昔和煮鸡蛋两个

在鸡胸肉中加入含丰富碳水化合物的香蕉、烤红薯和含有不饱和脂肪酸的坚果类搅拌，加上水，用搅拌机绞碎即可。如果想更甜一点的话，用葡萄汁或芦荟汁代替水放进去也可以。鸡蛋不仅要吃蛋白，连蛋黄也要吃掉。因为蛋黄中含有存在于脂肪中的卵磷脂。

是绝对男人，
就将**运动**习惯化吧！

这本书告诉我们成为绝对男人的九大健身训练方法。物理、医学、身体、食物甚至运动，各领域的精英军团公开了自己独一无二的经验和技能。明星教练们教授的运动法似乎是比较简单的、很容易就能跟上的动作，但是认真做的话会发现并没有那么简单。跟着做一次，不要就以为学了新的运动方法。知道的东西和身体所熟悉的东西是不一样的。真诚地、正确地完成每一个动作，学习一个运动方法并坚持不懈地实践下去比什么都重要。运动将会成为你生活中新的活力素。通过我们公开的“1%的秘密”，成为最强最帅的绝对男人吧！

BODY
COMPLETE

Naumcare学术研究单位: http://www.naumacademy.co.kr
Naumcare博客: http://blog.naver.com/naum7575
Naumcare Facebook: www.facebook.com/naumcare
Naumcare You Tube: www.youtube.com/naumcare

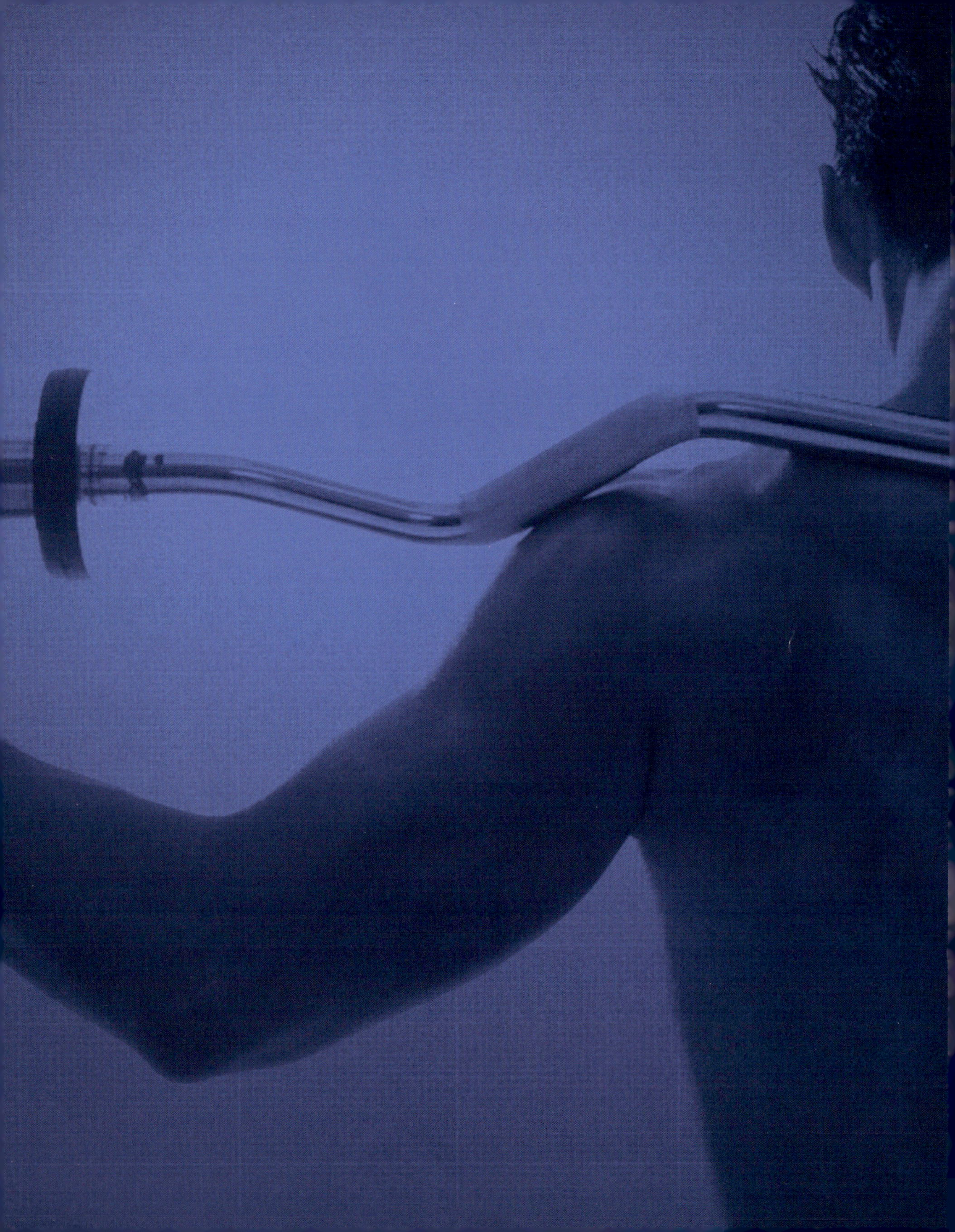